個別最適な学び・協働的な学びを実現する

「学びの文脈」2

樺山敏郎 編著

ラーニング・マウンテンを活用した
授業づくりの実践プラン

明治図書

はじめに

　本書は,『個別最適な学び・協働的な学びを実現する「学びの文脈」』の続編である。前著の主意は,令和3年1月の中教審答申（以下,R3答申という。）における令和の日本型学校教育の姿として打ち出された,「主体的・対話的で深い学び」を実現するための「個別最適な学び」と「協働的な学び」との一体化を図る方途を,"学びの文脈を創る"というフレーズに収れんし,学級・授業・学校づくりの3観点からその基本的な考え方や実践の方向性を提唱することにあった。

　言うまでもなく,学びの主語は子供である。主人公は子供であって,教師ではない。授業においては,教師が"何を教えたのか,何を成し得たのか"より,子供が"何を学んだのか,何を成し得たのか"が上位の価値である。そのように考えると,「個別最適な学び」と「協働的な学び」を創っていく主体は,究極的には子供自身でなければならない。そのために教師は,子供が自律的に学びを最適化し,あらゆる他者と協働しながら学びを深めていけるように,子供の発達の段階や特性に即した様々な働きかけを意図的に行っていく必要がある。

　しかし,それは容易なことではない。子供一人一人の心身の発達や状況は実に多様であり,全ての子供を取り残さない教育を施すことは至難の業である。R3答申では,「個別最適な学び」とは,従前の「個に応じた指導」を学習者の視点から整理した概念としている。そして,「個別最適」の実現に向けて,教師による「指導の個別化」と子供自身が「学習の個性化」を図ることの一体化を求めている。併せて,「個別最適な学び」が孤立した学びに陥らないように,「協働的な学び」の重要性を唱えている。

　子供の学びが成立するための諸々の観点や要素を複眼的に捉えていく教師の資質と能力が一層問われる時代が訪れている。とりわけ,「個に応じた指導」から「個に徹した指導」への意識の転換が必要と言えよう。その際,教師だけではない様々な他者やICTとの関わりを一層重視することが要となる。学級担任や一教科等の担当だけのマンパワーだけでは限界が生じ,最後

には疲弊してしまう。旧来の指導法を全て改善しなければならないわけではない。教師が前面に立つ一斉指導は決して悪ではないし，教師は「教える」という行為を躊躇しては元も子もなくなる。小学校低学年は，他律的なケアが大いに必要な時期である。中学年は他律から自律へ向かう過渡期であり，その関わりは一筋縄ではいかない。ICT活用を積極的に推進しつつ，古典的な読み書き算を疎かにすることはできない。紙媒体の読書や手書きは不可欠である。

　筆者が提唱する「学びの文脈」は，「教師が教えたいことを，子供が学びたいことへ変える」という理念を根底に据えている。「学び」とは，その目的や動機，意図，取り巻く他者，空間や時間，状況や条件等の要素が複雑に絡み合いながら展開する営みである。"学習者（集団）"と"教材（テキスト）"という二項に対して働きかける教師には，様々なコンテクストに配慮した指導力，授業力を磨くことが求められる。

　本書では，こうした時代の状況を踏まえた「学びの文脈」の理念を再構築し，その具現化を図るラーニング・マウンテンの基本的な考え方，それを踏まえた授業づくり，学校全体での取組等についてまとめる。第1章では，前著から更新した「学びの文脈」の基本的な考え方を示し，ラーニング・マウンテンを活用した授業づくりの方途を整理する。第2章では，「学びの文脈（ラーニング・マウンテン）」を活用した授業実践を，複数の教科等での具体的な事例を集成して紹介する。第3章では，「学びの文脈（ラーニング・マウンテン）」の活用を学校全体の共通実践へつなげていく事例を紹介する。

　同じ単元や題材を扱っても，マウンテンの頂上に立つ子供たちの姿は一様にはならない。単元や題材などの内容や時間のまとまりを見通すことができるラーニング・マウンテンの推奨には，多様な子供と共に"学びの文脈を創る"授業の実現に貢献したいとの思いがある。本書が令和の日本型学校教育の推進の一助になれば幸甚である。

2024年9月　樺山敏郎

目 次

はじめに 002

第1章
個別最適な学び・協働的な学びを実現する「学びの文脈」とは

個別最適な学び・協働的な学びを実現する「学びの文脈（ラーニング・マウンテン）」 008

「学びの文脈（ラーニング・マウンテン）」を活用した授業づくり 012

第2章
「学びの文脈」を活用した各教科等の授業プラン

| 事例1 | 国語（第1学年） 016
生活科と国語科の既習の関連付け
単元名：ぶんを　つくろう・おおきく　なった

| 事例2 | 国語（第5学年） 028
自由進度を組み入れた学びの文脈
単元名：ひみつを調べて発表しよう

| 事例3 | 国語（第6学年） 040 |

自己選択や自己決定の機会の保障

単元名：作品の世界を想像しながら読み，考えたことを伝え合おう

| 事例4 | 社会（第3学年） 052 |

意味あるパフォーマンス課題のゴールへの位置付け

単元名：もっと知りたいみんなのまち～私たちの市の様子～

| 事例5 | 算数（第2学年） 064 |

単元の導入段階における見通しの強化

単元名：100をこえる数

| 事例6 | 理科（第5学年） 076 |

問題の見いだしと連続性の重視

単元名：電流がうみ出す力

| 事例7 | 生活（第2学年） 088 |

試行錯誤を大切にした気付きの質の向上

単元名：もっとなかよし仁王たんけんたい

| 事例8 | 図画工作（第1学年） 100 |

作品の変容過程を重視した自己調整

題材名：ならべて　みつけて

| 事例9 | 外国語活動（第4学年） 112 |

「fun」から「interesting」な学びを創る

単元名：I like Mondays・What time is it?

| 事例10 | 外国語（第6学年） 124 |

単元全体を通したマイ・ミッションの持続

単元名：Junior High School Life

第3章
学校全体で取り組む
「学びの文脈」を創る授業づくり

| 事例1 | リアライズ〜みんなで実現を目指して〜　138 |
| 事例2 | 自律的に学ぶ子供が育つ授業　146 |

引用・参考文献　154
おわりに　156

第 1 章

個別最適な学び・
協働的な学びを
実現する
「学びの文脈」とは

個別最適な学び・協働的な学びを実現する「学びの文脈（ラーニング・マウンテン）」

1　個別最適な学び・協働的な学びを実現する「学びの文脈」とは

　今般の学習指導要領の要諦は，学習者が「何ができるようになるか」という視点で資質・能力を三つの柱で整理したことにある。教師が「何を教えるか」という視点は不変であるが，今後は学習者自らが学ぶ価値や意味を見いだしながら，主体となって自らの学びを創っていくという考えを中心に据えた教育の在り方を一層推進することが期待されている。併せて，R3答申では，令和の日本型学校教育の姿として，「個別最適な学び（指導の個別化・学習の個性化）」と「協働的な学び」を一体的に充実させ，「主体的・対話的で深い学び」の実現に向けた授業改善を求めている。まさしく，「教え（教える）」から「学び（学ぶ）」へのパラダイムシフトである。

　こうした時代の要請を踏まえ，筆者は「学びの文脈を創る」ことを提唱している。教師が，学習者にとって現在から未来にわたって必要となる資質・能力を捉え，そこに向かって学習者が「どのように学ぶか」というプロセスに意図的に関わっていく，子供の学びがどのような方向へ動いていくかに思いをめぐらし，授業の中にしかけや揺さぶりを用意したり学習の流れを複線化したりすることが期待される。ICT活用は方法論からのアプローチである。学習者が動いていく，様々に"思考し判断し表現していく"時に必要となるのが，"知識・技能"である。それを目的や必要に応じて適時的確に習得できるよう，教師は先手を打ち前面に立って教えたり，じっくりと考えさせ議論させた上で学習者に発見させたりするなど，教師の立ち位置や出番を随時検討し修正し，教科等の本質に迫る深い学びへ誘っていく。こうした営みが「学びの文脈を創る」ことであり，今後一層重要な視点になる。

　筆者は，「学びの文脈」を次のように定義付けている。

> 学習者が学びの有意味を保持し，教育を施す側と共にその学びの連続性や発展性を考慮する中で，学習者に資質・能力の拡張と共創を生み出す営み

　文脈とは，辞書的な意味では"文中の語の意味や文章中の文と文などの続きぐあい"のことを指す。これを「学び」という概念で捉えた場合，それは学びの連続性や発展性のことであり，教科等を横断する汎用的能力につながる。学びの文脈を創るには，語と語，文と文，段落と段落の整合を検討するように，「何と何」をどのようにつないでいくかが論点となる。そうした検討が国語科カリキュラムの開発，そして言語能力を核としたカリキュラム・マネジメントにつながっていくのである。
　OECD Education 2030 プロジェクトでは，「文脈」（コンテクスト）に関わり，次のような説明をしている（下線は筆者）。

> 子供たちが生活のあらゆる側面において積極的な役割を担っていくためには，様々なコンテクストを超えて，不確実性の中を歩んでいくことが必要である。そのコンテクストは，時間軸（過去，現在，未来）であったり，社会的な空間（家族，コミュニティ，地域，国，世界）であったり，デジタルの空間であったりする。

　世界の潮流を意識し，よりよい未来をつくっていくためには，「学びの文脈」を時間軸やデジタルを含む空間軸という観点から揺さぶっていく必要がある。例えば，国語科教育は，相手や目的，意図や状況に応じて，習得した知識・技能，思考力・判断力・表現力を総合的に発揮する実の場を工夫し，それらを拡張させていく必要がある。真正の学びや PBL の展開には，文脈の中で生きて働く言葉の力が必須であり，国語科教育は一層，能力系統を意識しつつ，学習者の視座に立った「学びの文脈」を創っていくことが重要である。

2 「学びの文脈」を創るラーニング・マウンテン

　「学びの文脈」を構成する基本要素は，「目標」「内容」「方法（活動）」の３観点となる。とりわけ，「目標」設定が鍵を握る。主体性を含め，「知識及び技能」と「思考力，判断力，表現力等」の資質・能力は関連付いて拡張していくものである。その過程や結果として，集団に共創が生み出されていく。「学びの文脈」を創るためには，一定のゴールをイメージし，学びのプロセスをデザインすることが重要である。従来の学習計画表や行程表といった表組のシートではなく，単元全体の学びを可視化し，見える化することができないか。次が，筆者が提唱する，学びを山登りに見立てた，ラーニング・マウンテンである（図１）。

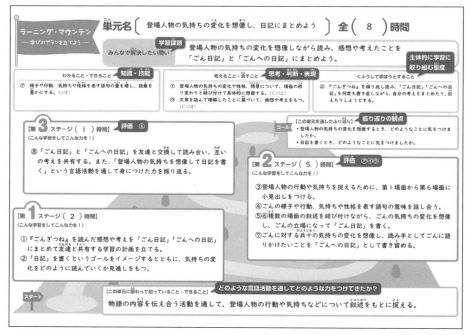

図１　国語科 小学４年「ごんぎつね」のラーニング・マウンテン

「ラーニング・マウンテン」とは、「Let's Climb the Mountains of Learning（学びの山に登ろう）」の略称（以下、LMという。）で、単元の学び全体を"山登り"に喩えた、学びのプランである。その特長を5つに整理する。

POINT 1　コンピテンシー・ベースの授業を実現する

　LMの頂上や各ステージに評価方針を示すことによって、指導と評価の一体化を図る。評価規準や評価方法等の方針を示し、児童生徒と共有しておくことは、評価の妥当性・信頼性を高めることにつながる。また、児童生徒に身に付けるべき資質・能力を示すことで、学習の目的や目標が明確になる。

POINT 2　「個別最適な学び」と「協働的な学び」を促進する

　LMの各ステージの学習活動を設定する際、児童生徒の思いや願いを尊重する。その際、各ステージでの「指導の個別化」や「学習の個性化」の位置付けを検討する。また、個別や小集団等の学習形態、課題別や能力別等のコース分け、自由進度学習やジグソー学習等を組み入れるか否かを構想する。

POINT 3　学びを調整しようとする態度を育成する

　LMは、児童生徒が自らの学習の見通しをもち自己の学習の調整を図ることができる。LMの作成は、単元の導入段階で行うが、それは決して完成形ではなく、学習の進み具合で調整可能なものと認識する。学級全体と同時に自身の学びを都度ふり返り、頂上（ゴール）を目指していく。

POINT 4　ユニバーサルデザインに配慮している

　LMは、単元や題材などの内容や時間のまとまりを"山"に喩えることで、現在の立ち位置が一目で分かる。現時点までの学びの成果や課題を意識し、以降の学びの展開を視覚的・構造的に捉えることにより、学びの焦点化を図ることができる。学びの見える化は支援を要する児童生徒への配慮でもある。

POINT 5　学校種を越え、全学年・全教科等で活用できる

　LMは、単元や題材をユニットとした、問題発見・解決学習のスタイルをとる。知識及び技能を活用して思考力、判断力、表現力等の育成を主とする目的のユニットであれば、学校種を越え、全学年・全教科等で活用できる。

「学びの文脈（ラーニング・マウンテン）」を活用した授業づくり

1　どのように「学びの文脈（ラーニング・マウンテン）」を創るのか

　一定の流れやポイントを次に示す。児童生徒とのやり取りが第一義である。
■教師側から学習者に対し，各学校作成の教育課程に基づいて設定された単元や題材のまとまりを提示する。
■単元や題材のまとまりは，学年の発達段階や各教科等の特性，設定時期等を踏まえた意図的な要素で構成される。
■LMの頂上には，学習者が一定の目標達成や課題解決した姿をイメージできるようにする。そこにはパフォーマンスとして表現活動を仕組む。その単位は個であったり複数であったりする。
■LMの頂上には，「誰のため」という相手意識や「何のため」という目的意識の発動が重要である。そのことが学びの意図や価値を拡張させる。
■LMの頂上への到達には教師が付けるべき資質・能力の系統を理解し，学習者の発達段階や実態を踏まえた適切なレベルの調整が必要となる。
■LMの頂上には，設定する単元や題材レベルを超えた本質的な問いへとつながる真正の学びが期待される。テキストの外へのつながりを大切にする。
■学習者は，LMの頂上を目指す事前と事後のモニタリングが重要な意味をもつ。既習を想起し，認知面や非認知面から自身の資質・能力を自覚する。
■教師の意図的な内発的・外発的な動機付けによって問いが生まれる。それは矛盾であり憧れでもある。自分ごととして学びのスタートを重視する。
■学習者は，独断でLMの頂上まで向かうことはできない。一定の学習規律や時間枠の順守が求められる。そこには自制心や責任感が育まれるとともに，学習環境へ適応しながら自己効力感を高めることが期待される。
■LMの頂上へ向かうルートは教師と学習者とで協働してデザインする。

学習者が学びを見通すことが重要である。見通しは，予見する力，学習方略の力となる。内容や方法，手順や形態，時間配分が主な観点となる。
■LMの頂上へ向かうルートは，はじめの計画どおりに進行しないことも多く，随時のコントロール（調整）が必要となる。ゴールを目指す粘り強さが求められる。教師の立ち位置は臨機応変でありたい。先頭や中盤，そして最後尾に位置する学習者の様相を踏まえて，"教える"ことと"考えさせる"ことのバランスを検討する。その際，メタ認知的知識や思考法を適時適切に教授することが必要である。

2　ラーニング・マウンテンの頂上へ向かうルートをデザインする

図2は，A校で実践している，「個別最適な学び」の中の「学習の個性化」を位置付けた"分岐型LM"である。単元の終末部に"STEP Final"を用意し，既習事項をもとに自分のテーマや課題を設定し，探究活動を行う。STEP1から3でも分岐は可能であり，自由進度で学ぶ探究の時間は魅力的である。時間枠の中でLMの頂上へ向かうルートは多様にデザインできる。

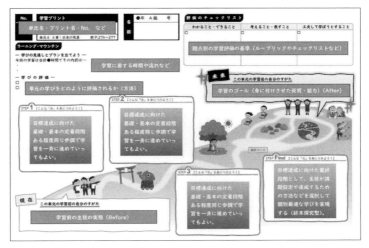

図2　A校における「学習の個性化」を図る単元終末探究型のLM

第 2 章

「学びの文脈」を活用した各教科等の授業プラン

事例1　国語（第1学年）

生活科と国語科の既習の関連付け

Summary
国語「書くこと」における
学びの文脈（ラーニング・マウンテン）の考え方

　小学校に入学したばかりの1年生の子供たちは，学習すること，とりわけ机に座って文字を読んだり書いたりすることに，大きな期待感をもっている。個人差はあるが，幼稚園や保育園時代において，字を書き写したり一文字ずつ読んだりした経験が下支えとなり，「もっとやってみたい」「もっとできるようになりたい」という思いが生まれてくるのだろう。つまり，子供たちの経験をこれから学習することにうまくつなげることで，さらなる意欲をもって学習に取り組むことができると考える。また，身に付けた力を次の学習で身に付けたい力につなげることで，学びの連続性が生まれ，子供たちに新たな文脈が創られていく。

　1年生の学習は，合科的な学習を通して新たな経験を積み重ねることが大切である。しかし，その経験や経験を通して学んだことは，一人一人異なる。そこで，その多様性を生かし，どの子も自らが目指す姿に近付くことができるように，単元や単位時間において，自己選択・自己決定ができる場面や機会を設定する。そうすることで，「個別最適な学び」を実現するとともに，主体的な学びを促すことができる。

　「書くこと」の学習において，子供たちのどのような経験を生かすことができるのか，その経験を「書くこと」とどのようにつないでいくのか，といった視点を大切にしながら，単元を構想していく。

Case
単元名「ぶんを　つくろう」・「おおきく　なった」（光村図書）

1　単元づくりのポイント

①入学して間もない1年生は，学習の経験が少ないため，他教科等との関連を図りながら様々な経験を積み重ねることで，「前にやったから，またやりたい」「今度は，新しい方法でやってみたい」という思いを醸成していく。教師は，主体的に学習に向かおうとする素地の育成に努める。
②既習の内容や経験が生かされるように，単元構想を工夫する。
③単元の第1時では，今までに身に付けたどのような力が生かせるのか，新しく身に付ける力は何か，力を身に付けた後にどのような学習をしてみたいかというポイントに沿って，学習計画を子供と共に創る。
④作成した学習計画をラーニング・マウンテンに反映し，見通しをもって学習することができるようにする。単元の後半に活用や探究の場面を設定し，習得した力をどのように発揮するのか，自己選択・自己決定する。
⑤単元のふり返りを通して，「できた」「分かった」を積み上げていく。

2　単元のねらいと概要

「おおきく　なった」の学習では，観察の観点を主語に自分の朝顔の様子についての文を書く。そのためには，主語と述語の関係に気を付けながら文をつくる経験が必要となる。そこで，「ぶんを　つくろう」の学習が既習の経験となるようにつながりを意識した学習計画を立てていく。また，生活科の学習との関連を図りながら，子供たちの学びの文脈に沿った学習を展開することができるようにしていく。

■「ぶんを　つくろう」
　この単元では，これまで文字や単語を書く学習をしてきた子供たちが，主

語・述語の関係に注意しながら，初めて句点まで含めた「文」を書くことになる。文字を習い始め，もっとたくさんのことを書きたいという意欲が出てきた子供たちにとって，主語と述語を意識して1文で表すことができるようになるこの単元は，とても魅力的である。

　日常的に「―が（は）―。」という文が，よく使われていることに気付くとともに，文末には必ず「。」を付けることも押さえていく。

■「おおきく　なった」

　この単元では，観点をもって対象をよく観察し，気付いたことを文で記録できるようになることが目的である。子供たちは，生活科の学習で朝顔を育てている。朝顔の生長を書く場面を取り上げて，生活科との合科的扱いを想定し，学習を進める。

　また，単元の位置付けとして既習の文を書く学習「ぶんを　つくろう」を通して，主語と述語の関係に注意して「―が―（する。）」「―は―（する。）」という簡単な文を書いている。本単元では，観察したことを表すための観点を見付け，既習の基本文型を応用しながら，観察の観点を主語にした文を書く活動を行う。

3　ラーニング・マウンテン

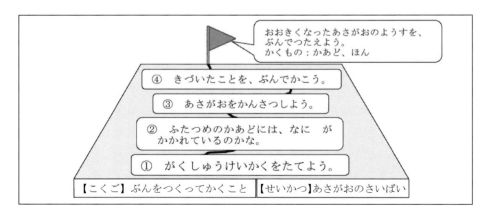

4　単元の評価規準

■「ぶんを　つくろう」

知識・技能	思考・判断・表現	主体的に学習に取り組む態度
・句点の打ち方を理解して文の中で使っている。　　　((1)ウ) ・文の中における主語と述語との関係に気付いている。((1)カ)	・語と語との続き方に注意している。 　　　　　（B(1)ウ)	・主語と述語の関係に気を付けながら，学習課題に沿って，進んで文を書こうとしている。

■「おおきく　なった」

知識・技能	思考・判断・表現	主体的に学習に取り組む態度
・身近なことを表す語句の量を増し，文章の中で使っている。 　　　　　((1)オ)	・観察したことなどから書くことを見付け，必要な事柄を集めたり確かめたりして書いている。（B(1)ア)	・進んで植物を様々な観点から観察し，学習課題に沿って，観察したことを記録しようとしている。

5　つながりを意識した単元構成のイメージ

　既習の学習内容や経験を土台とし，自己選択・自己決定を通して主体的に学びに向かうことができるようにしていく。ラーニング・マウンテンを用いることで，見通しをもって学習を進められるようにしていく。

　　　　　生活科「がっこう　だいすき」　第1次（第1時）
・学校のことを知りたいという思いをもち，学校の中にある場所や教室，物について学校探検を通して調べる。
・学校探検で見付けた場所や教室，物の中から，みんなに知らせたいことを決める。
・知らせたいことを画用紙や本に書き表す経験をする。

国語科「ぶんを　つくろう」　第1次（第1～4時）

■第1時
・「きつね」と「きつねがはしる。」を比べ，「―が―。」というかたちが文であることを押さえる。
・教科書の例文を声に出して読む。
・例文を丁寧にノートに書き写す。
・文の終わりには，句点（丸）を付けることを知る。

■第2時
・「―は―。」というかたちの文もあることを知る。
・「―が―。（何がどうした。）」と「―は―。（―はどんなだ。）」の違いに気付く。
・教師が提示した「―は」の主語に続く述語を考えて書く。
・語と語の続き方に注意して，自分で作った文を書く。

■第3・4時
・「―が―。」と「―は―。」の文型を使って，自分で文をつくる。
・自分のテーマを設定し，それに当てはまる文をつくる。
・書いた文を友達と見せ合い，よさに気付く。

生活科「はなを　さかせよう」　第1次（第1時）

・朝顔のたねを観察し，大きさや形，色，手触りについて観察カードに記録する。
・芽が出た頃に，再び観察カードに朝顔の生長を記録する。
・朝顔の生長について，気付いたことを友達に紹介し，交流する。

国語科「おおきく　なった」　第1次（第1～5時）

■第1時
・大きくなるものには，どのようなものがあるのかを想起する。
・学習のゴール（観察して気付いたことを文で書くこと）を知る。
・今までに身に付けたどのような力を生かすことができるのかを出し合う。
・まとめ方を自己選択・自己決定する。

■第2時
・生活科の学習をふり返り，どのような観点で観察していたのかを想起する。
・教科書を読み，他にも様々な観点があることを知る。
・教科書にある2つの観察記録の書き方を比べ，どのようなことが書かれているのかを確かめる。

■第3時
・観点に沿って朝顔の観察を行い，自分が選んだ書き方で観察記録を書く。
・書いた文の見直しをする。

■第4・5時
・自分が選んだまとめ方で，清書する。
・友達と観察記録を読み合い，よさを共有する。

　以上のとおり，国語科と生活科で学んできたことを経験としながら子供たちの学びの文脈を創り，新しい学習へと向かうことができるようにしていく。

6　実際の授業の様子

「ぶんを　つくろう」

(1) 第1時　文型を理解する，句点を打つことに気付く

　今まで平仮名の学習を通して，文字や言葉を書いてきた子供たちに，「今日は，文というものを書きます。」と伝えると，「文って何？」「どうやって書くの。」という声があがり，子供たちの「知りたい」という思いがそのまま第1時のめあてになった。

　「きつね」そして，「きつねがはしる。」と黒板に書き，「これ（きつねがはしる。）が文です。二つは何が違いますか。」と聞いた。子供たちの気付きは，次のとおりである。

　ア　「きつね」は短いけれど，「きつねがはしる。」は長いな。
　イ　「きつね」は，動物の名前だ。
　ウ　「きつね」だけだと，動物の名前しか分からないけど，「きつねがはしる。」

> だと，きつねが何をしたのかが分かるな。

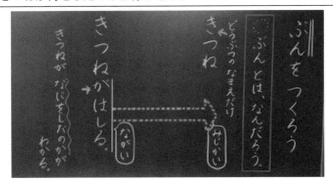

実際の板書

「『―が―。』というのが，文のかたちです。では，『たぬきがおどる。』これはどちらの仲間でしょうか。」と聞くと子供たちは次のように答えた。

> ア 文だと思う。だって，「―が―。」のかたちになっている。
> イ 私も文だと思う。たぬきが，何をしたのかが分かるから。

　他の例文を挙げることで，文型を確かめたり，文で表すと何がどうしたのかが詳しく分かったりすることを確かめた。
　黒板に文が集まったので，「文には，『―が―。』というかたち以外にも，同じところがありますね。何でしょうか。」と聞くと，子供たちは口々に，「文の終わりに丸が付いている。」と答えた。
　こうして，文にはかたちがあること，文の終わりには句点が付くことを子供たちと一緒に確かめた。

(2) 第2時　自分でも書いてみたいという思いの醸成

　前時で「―が―。」という文型を理解した子供たちは，第2時では，文のかたちには，「―は―。」というかたちもあることを知る。
　「前回の学習では，文には『―が―。』というかたちがあることと，文の終わりには丸が付くことを確かめました。文には，もう一つかたちがあります。それは，『―は―。』というかたちです。例えば，アイスは……」と言うと，子供たちは，

```
ア　つめたい！
イ　あまい！
ウ　おいしい！
```

と楽しそうに答えた。こうして，次々と「くすりは―」「なつは―」と主語を提示し，述語を考える活動を通して，子供たちは「―は―。」の文型に慣れていった。同じ主語でもそれに続く述語がいくつも想像できることに気付き，言葉の面白さも感じ取っていた。

　しばらくすると，子供たちから「文のはじめ（主語）のところも，自分で考えてみたい」という意見が出てきた。それは，文を考えることの面白さや文を書く楽しさに気付いたからだと考える。次時は，文を自分でつくることを確かめて，この日の学習は終わった。

(3) 第3・4時　表現方法の自己選択・自己決定

　前時の学習で，子供たちは「自分で考えた文を書きたい」という思いをもった。さらに意欲的に活動ができるように，いくつかの選択肢を設けた。

```
【書く内容】
・「―が―。」の文
・「―は―。」の文
・「―が―。」と「―は―。」の両方の文
【何に書くか】
・ノート
・画用紙（貼り付けて本にする）
```

　活動が始まると，「できた！」「先生，もう一枚ください。」と，子供たちは時間を忘れて活動に没頭していた。

　はじめは主語＋述語のかたちで文を書いていた子供たちに主語＋修飾語＋述語のかたちで文を書いていた友達の文を紹介すると，自分が想像したことを相手に具体的に伝えられるよさに気付き，進んで文づくりに生かす姿が見られた。

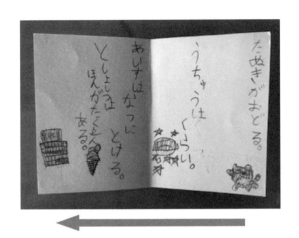

変化が見える子供の作品

　ここまで意欲的に活動することができたのは，子供たち自身が「文をつくってみたい」という思いをもつことができたこと，また，身に付ける力を習得した後に，その力を活用する場面において，個の思いが実現されるような自己選択・自己決定の機会を設けたからだと考える。

「おおきく　なった」

(1) 第1時　子供の文脈を大切にしながら創る

　黒板に大きく「おおきく　なった」と書き，「大きくなるものには何がありますか。」と問うと，既有の知識や経験を生かして様々な考えが出てきた。動物や植物，虫や鳥，野菜や果物など，成長の過程について知っているものから，「続ける力」や学年テーマの「ぽかぽかはあと」などの情意的な考えも出てきた。この発問の意図としては，教師から「今回の学習では，朝顔の観察をします。」と観察対象を提示するのではなく，子供たちの学びの文脈を生かし観察対象を決定したかったからである。

　様々な大きくなるものについて共有した後に，学習を通して「観察をして，気付いたことや分かったことを文で書く」という力を付けていくことを確かめた。

　「今回の学習では，何を観察したいですか。」と問うと，先ほど出し合った

意見を見ながら,「みんなが育てているから,朝顔がよいと思う」「虫や鳥の成長は,観察することができない」「朝顔なら,大きくなるまで見ることができる」という考えが出てきた。こうして,観察の対象を朝顔とすることにして,単元のゴールを「おおきくなったあさがおのようすを,ぶんでつたえよう」とすることに決めた。

「今までに学習したどんな力が使えそうですか。」と発問すると,「国語で勉強した,文を書くことが使えそうです。」「生活でやった,観察カードを書く力です。」などという考えが挙がった。

観察の観点に沿って書くこと,また,表現方法への気付きを促すために,教科書に載っている2つの作例を見るように指示を出した。すると子供たちは,「なんだこれ。」「何が書いてあるの。」という反応を示した。あべさんの観察記録は,既習事項である「─が─。」や「─は─。」の文で朝顔の様子が書かれているが,もう一方のかねこさんは,観察の観点に対して短い言葉で朝顔の様子が書かれている。そこで,「この学習では,どんなことを学んでみたいですか。」と問うと,「かねこさんのカードには,何が書かれているのかを知りたいです。」「かねこさんのカードの書き方を勉強してみたいです。」という意見が出てきた。教師が教えたい内容が子供たちの学びたいこととなり,ラーニング・マウンテンの第2時に位置付けることを確かめた。

書き方を確かめた後,自分の朝顔を観察し(第3時),習得した書き方を生かしてカードや本を書くこと(第4・5時)を確かめた。

こうして,子供たちと話し合いながら,初めてのラーニング・マウンテンを創ることができた。

自分の考えを伝え合う子供たち

第2章 「学びの文脈」を活用した各教科等の授業プラン　025

(2) 第2～5時　単位時間のつながりを意識して学ぶ

　第2時では，前時で子供たちの学習課題となった，かねこさんのカードの書き方を確かめた。

　まず，生活科の学習で朝顔の観察をした時に，朝顔のどの部分に注目して観察してきたのかを想起した。経験をもとに，「大きさ」「形」「色」などの観察の観点が挙がった。教科書から，他にも「さわったかんじ」「におい」「ふとさ」「たかさ」「かず」「おもさ」などの観察の観点があることを知り，これらを「観察ポイント」と呼ぶことにした。

　次に，あべさんのカードの書き方について確かめた。すると，「あっ，観察ポイントのことが書かれている。」と先に確かめた観察の観点と照らし合わせながら，何が書かれているのかを理解することができた。続いてかねこさんのカードの書き方に目を向けると，子供たちから「あっ，そういうことか。」という声がいくつもあがった。どういうことか問うと，「やっぱり観察ポイントのことが書かれている。」「『かず，ふたつ』というのは，かずは（・）ふたつあるということだと思う。」「文が隠れているんだ。」という答えが返ってきた。どちらのカードにも，観察ポイントのことが書かれていることを理解した子供たちは，次の観察で自分たちも観察ポイントに沿って朝顔の観察をすることを強く意識することができた。

　第3時の観察では，第2時で確かめた観察ポイントに沿って実際に観察を行った。今までの観察では朝顔全体を俯瞰するように観察する子もいたが，観察ポイントに沿って観察することを学んだ子供たちは「色は……」「触った感じは……」と知らず知らずのうちに文の主語をつぶやきながら観察を行っていた。

ぼくは，とげとげした感じだと思う。

　第4時では，実際に観察カードを書く活動を行った。2つの書き方のうち自分が書き表したい書き方を選択し，9種類のカードから観察結果が伝えら

れそうなカードを選んで書いた。

　第5時では，書いたカードを友達と読み合ったり，前に書いた生活科の観察カードを比べ合ったりした。友達と読み合うことで，同じ「さわったかんじ」の観察ポイントを選んでいても，「ちくちく」「とげとげ」「ふわふわ」「ふにゃふにゃ」と表現の仕方に違いが出ることに気付き，子供たちは面白さを感じていた。また，過去の自分の観察カードと比較することで，ふり返りでは，「こんなにたくさん文を書けるようになった」「観察ポイントに気を付けて観察したら，前よりも朝顔の生長がよく分かった」と，自己の成長や学習の成果を実感したことが分かる発表が多くあった。

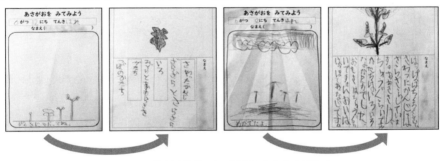

カードの比較を通して，自己の変容を実感した

7　授業を終えて

　子供たちに経験が増えれば増えるほど，目に見えて自信が満ち溢れてくることを目の当たりにすることができた。「だって，こうしたらできたから」「前はこうやったらできたから，今度はこうやってみたいな」という子供たちが味わってきた経験をこれからも大切にしながら，新しい学習へとつなぎ続けていきたい。そしてできた，子供たちが創る新たな文脈に寄り添い続けていきたい。

（菊池優佳）

| 事例2 | 国語（第5学年） |

自由進度を組み入れた学びの文脈

Summary
国語「話すこと・聞くこと」における
学びの文脈（ラーニング・マウンテン）の考え方

　国語科の「話すこと・聞くこと」の領域において，子供が実際に発表する場面で学習の成果が表れず，相手に伝わりにくい発表になってしまうことがある。これは子供が単元で何を学び，何を身に付けるべきなのかを認識できていないことが要因である。このことから，子供が単元の終末段階における発表の際，自身の目指す姿を明確にした上で，主体的に学習に取り組む必要があると考え，ラーニング・マウンテンを活用することを考えた。

　ラーニング・マウンテンを活用することで，子供が単元の学習全体の構造をつかみ，ゴールに向けた内容や構成の検討，表現などの「話すこと・聞くこと」における学習過程を見通すことができる。また，ラーニング・マウンテンによって子供に自己課題や既習内容，評価規準などを意識させることで，子供が単元で目指す姿をより一層明確にし，何を，どのように学ぶのかについて自らが判断・選択しながら主体的に学習に取り組むことができると考える。このような学びの文脈を創っていくことが子供の資質・能力の伸長につながる。

　さらに，本実践では自由進度学習を組み入れることで，子供がそれぞれの思いや考えを十分に生かしてゴールまでの道のりを自己決定し，自己調整しながら学習を進めることができるようになることを目指した。

Case
単元名「ひみつを調べて発表しよう」(教育出版)

1 単元づくりのポイント

　ラーニング・マウンテンを活用しながら子供の思いや考えを生かし，単元の目標までの見通しをもって主体的に学ぶことを目指す。そして，その学習過程が単元の目標を達成するために有効であったかを判断し，修正できるようにする。そこで，学習をふり返るためのワークシート（「クライミングシート」と名付ける。）を活用する。ラーニング・マウンテンと照らし合わせて学習をふり返ることで，ゴールに向けて学習活動や学び方を修正したり，これまでの学習を学び直したりして，自己調整しながら学習できると考える。

　しかし，子供自らが目標に向けて学習活動を設定して進めていくことは難しい。そこで，学習支援ツールである「学ブック」や学習の成果を確かめるための「マイチェックリスト」を活用する。「学ブック」とは単元はじめの導入・習得段階で学習する「単元で学ぶべき内容」や既習内容をまとめたICT資料である（p.33参照）。ラーニング・マウンテンを作成する際に参考にしたり，学習過程で必要に応じて確認したりすることができるようにする。「マイチェックリスト」とは，子供が自身のラーニング・マウンテンに設定した学習活動に応じて作成するチェックリストである（p.34参照）。「マイチェックリスト」には他者からの評価を受ける項目があり，子供が他者と交流しながら学習の成果を確認したり，必要に応じて学び直したりすることができるようにする。

　ラーニング・マウンテンに加えてこれらの手立てを併せて活用することで，子供が学習を自ら調整し，ラーニング・マウンテンに設定したゴールに向かって主体的に学習に取り組むことを目指す。

2　単元のねらいと概要

　本単元は「効果的な発表をする」ことをねらいとしており，学習指導要領の指導事項ウ「資料を活用するなどして，自分の考えが伝わるように表現を工夫すること」と関わる。前単元「まんがの方法」で，「まんが」をテーマにした教材から，相手に分かりやすく伝えるためにはどのように資料を活用するとよいか，またどのような構成があるのかなどについて学んでいる。本単元では子供それぞれが自身の興味や関心に応じて発表するテーマを設定し，資料を活用しながら内容や構成，話し方などを工夫して相手に伝わりやすい発表を目指す。

3　ラーニング・マウンテン

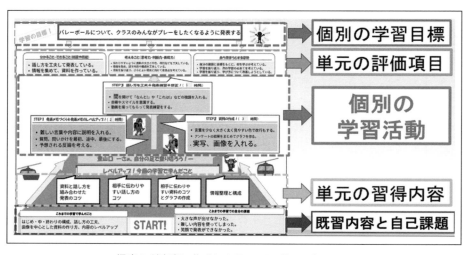

児童Aが実際に作成したラーニング・マウンテン

4　単元の評価規準

知識・技能	思考・判断・表現	主体的に学習に取り組む態度
・グラフや写真など，必要な図や語句を関係付けて使っている。 　　　　　　((2)イ)	・画像や図などの資料を活用して，調べたことや自分の考えが相手に伝わるように表現を工夫し，適切に話している。 　　　　　　(A(1)ウ)	・単元の目標に向けて，交流する相手や時間，学び方をふり返り，自己調整しながら学習を進めようとしている。

5　学びの文脈を創る単元イメージ（全11時間）

第1次（第1〜3時）

　学習の流れや単元の目標を知るとともに，単元で習得すべき内容について学び，ラーニング・マウンテンを作成する。

　単元の目標や単元全体の流れを知り，習得段階で学んだことや既習内容を生かして，単元で目指すべき姿に向かってどのように学習を進めていくとよいか，見通しを明確にすることができるようにする。

〈予想される子供の反応〉
・写真が好きだから，みんなに「写真を撮ってみたい」と思ってもらえる発表がしたいな。
・資料にはいろいろな種類があるんだ。どんな資料をつくると，みんなに伝わりやすいかな。
・きっとみんなが知らない言葉があるから，分かりやすい説明を入れないといけないね。
・発表までの時間は6時間なんだ。私は発表練習をたくさんしたいから，その時間を確保できる計画をしよう。
・ラーニング・マウンテンを創って，なりたい自分がはっきりした。ゴールを目指してがんばりたいな。

第2次（第4～9時）

　自由進度学習の時間を設定し，ラーニング・マウンテンをもとに，単元の目標に向けて見通しをもって自己調整しながら学習を進める。

　子供が個別に作成したラーニング・マウンテンに沿って，学習活動や学び方，交流する相手などについて自己調整しながら学習を進めることができている。

〈予想される子供の反応〉
- ラーニング・マウンテンを確認すると，資料づくりに少し時間がかかっているな。動画を撮ったから，画像を入れるのはやめて発表練習の時間を確保しよう。
- どんな話し方をすればよかったっけ。「学ブック」の動画資料を確認し直そう。
- この時間はずっと一人でやっていたけど，他の人の考えも参考にしたいな。次の時間は他の人のラーニング・マウンテンを確認して，自分と同じ段階の，資料をつくる段階の人と交流して進めよう。
- 間を空けて話しているか，自分ではよく分からないな。誰かに聞いてもらって，「マイチェックリスト」でチェックしてもらおう。

第3次（第10・11時）

　子供一人一人が発表をする。また，他者の発表を参考にしながら自身の発表の改善点やこれから取り入れたい工夫についてふり返る。

　表現を工夫して相手に伝わりやすい効果的な発表ができている。また，自身の発表をふり返り，改善点を見いだすことができている。

〈予想される子供の反応〉
- 自分が目指していた発表ができた！　聞いてくれた人の反応もよかった。ゴールまで登りきることができた。
- ○○さんはアンケート結果をグラフにしていて，伝えたいことが分かりやすかった。次に同じような勉強をする時は自分も挑戦してみたいな。
- 問いかけをした後は間を空けるつもりができていなかった。発表練習の時間がもっと必要だったかもしれないな。次の課題だ。

6 実際の授業の様子

第1ステージ 単元の目標を知り、ラーニング・マウンテンを作成する

導入・習得段階として一斉授業を行い、教科書の内容に加え、教師が作成したモデルスピーチ動画や色分けしたモデル文を活用した。この動画やモデル文では、内容構成や資料、話し方など、相手に効果的に伝えるための工

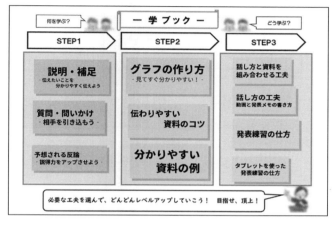

児童に配付した「学ブック」

夫を読み取り、この単元で何を学び、何ができるようになるとよいのか、単元の終わりに目指す姿を子供と共有した。導入・習得段階で学習した内容は「学ブック」としてまとめ、子供に配付した。「学ブック」は各項目をクリックすると内容の詳細が見られるようになっている。

次に、ラーニング・マウンテンを作成した。子供には「既習内容」と習得段階で学んだ「単元の習得内容」、「評価項目」を記載したラーニング・マウンテンを渡し、「自己課題」と「個別の学習目標」、「個別の学習活動」を記入するようにした。「個別の学習活動」は「学ブック」と同じように発表内容に関わるSTEP1、資料の作成に関わるSTEP2、話し方や発表練習に関わるSTEP3の3つのカテゴリーに分けた。すると子供はこれまでの学習をふり返ったり、「学ブック」を参考にしたりしながら、それぞれのラーニング・マウンテンを作成することができた。

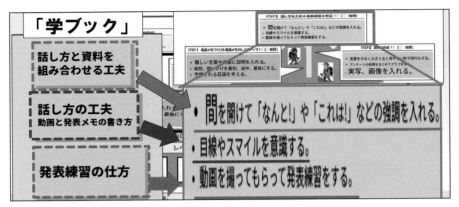

「学ブック」を参考に作成した「個別の学習活動」STEP3

　ラーニング・マウンテンの作成に悩む子供には，習得段階で使用したモデルスピーチ動画や「学ブック」を参考にして，ゴールに向けてどのような工夫を取り入れるとよいか考えるよう声をかけた。また，他者のラーニング・マウンテンは児童用タブレットで見られるように共有しているため，他者のラーニング・マウンテンを参考にしてもよいことを伝えた。

　ラーニング・マウンテンの作成後は「マイチェックリスト」を作成した。「マイチェックリスト」は習得内容や既習内容から教師が作成した項目と自由記述項目からなり，子供はラーニング・マウンテンに設定した学習活動をもとに，必要な項目のみを選び取って設定した。

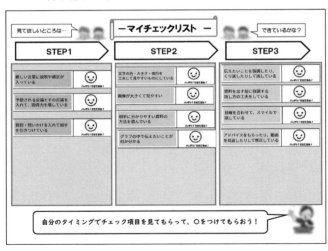

児童Aが作成した「マイチェックリスト」

第2ステージ 自由進度学習を取り入れ，ラーニング・マウンテンをもとに，見通しをもって自己調整しながら学習を進める

第4時から第9時までの6時間は，ラーニング・マウンテンをもとに自由進度学習を進めた。自由進度学習の時間は黒板に，①「学習全体のめあて」，②「他者の学習状況を把握するためのシート」，③「1時間の流れ」の3つを提示した。「他者の学習状況を把握するためのシート」は，授業のはじめに子供が自身の名前カードを貼りにくるようにし，STEPを進めたら名前カードを移動させるようにした。また，授業の終わりには1時間の学習のふり返りを記述した「クライミングシート」とラーニング・マウンテンを提出させた。これらを共有し，学習時間内で確認できるようにすることで，子供が他者の進度や状況から交流相手を選択したり，参考にしたりするなどして，自身の学習に生かすことができるようにした。

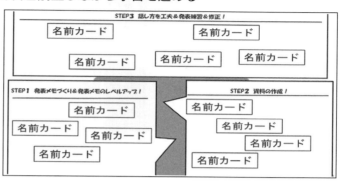
他者の学習状況を把握するためのシート

ラーニング・マウンテンに学習活動を具体的に設定し，ゴールまでの見通しをもつことで，学習全体を通してどの子供も主体的に学習に取り組むことができた。また，「学ブック」を確認したり，「マイチェックリスト」をもち寄って交流したりする子供の姿が多く見られた。

ラーニング・マウンテンを確認する子供

また，教師は「クライミングシート」や「他者の学習状況を把握するためのシート」から，学習につまずきが見られる子供を見取り，個別に支援をすることで，子供が学習を進めることができるようにした。

教師が個別に支援をする様子

　STEP1では，相手に分かりやすく伝えるための工夫を取り入れた発表メモの作成をした。発表で話す言葉を全て書いた発表原稿ではなく，必要な情報を抽出したメモという形にした子供がほとんどであった。子供は集めた情報を整理して，一番伝えたい情報を詳しくして内容に軽重を付けたり，双括型の構成にしたりするなどして，子供それぞれが相手に分かりやすい発表を意識した発表メモを作成することができた。

　児童Aは，「バレーボールのひみつ」をテーマに学習を進めており，学習進度を確認するためにラーニング・マウンテンを何度も見直す姿が見られた。ラーニング・マウンテンが，児童Aの学習を進める上での拠り所となっていた。「クライミングシート」で学習のふり返りを行うと，児童Aはラーニング・マウンテンをもとに学習を具体的にふり返り，次時のめあてを決めることができた。また，STEP1を終える段階で，STEP2の資料づくりの時間が足りなくなってしまうという見通しから，ラーニング・マウンテンに設定していた「予想される反論」の学習を行わないように調整する姿が見られた。

今日学んだこと（振り返り）や課題と，次の時間のめあて	難しい言葉に説明を入れて，文字は分かりやすい色を使った。時間が足りなさそうだから反論はやめる。次の時間のめあては問いかけを入れて発表メモを完成させる。
めあてを達成するための学び方の工夫や改善点	ステップ2に行く前に友達にマイチェックリストを確認してもらってできているか見てもらう。

「クライミングシート」での児童Aのふり返りの記述

STEP2では，ラーニング・マウンテンに設定した学習活動に沿って，グラフを作成したり，資料の文字の色や大きさを工夫

子供が作成した資料の一部

したりするなど相手に分かりやすい資料を目指して学習を進めた。資料は探究学習・協働学習システム「ロイロノート・スクール」やPowerPointを活用して作成する子供がほとんどであった。子供は自身が作成した資料をもち寄り，文字の色や画像の大きさなどについて確認しながら，他者の意見を参考にして資料の作成を進めていた。また，本番では教室前に設置したテレビに資料を映して発表することを伝えていたため，希望者にはテレビに映して

確認してもよいことを伝えた。その際は学級全体で投影された資料について，見やすさや分かりやすさについて意見を出し合うことで，相手に分かりやすい資料について，学級全体で共通理解を進めることにつながった。

児童Aは言葉や画像で説明しづらい「バレーボ

協力して動画撮影をする児童Aの様子

ールのトスの上げ方」についての動画を撮影し，画角や距離を調整しながら撮影をする姿が見られた。

STEP3では，話し方の工夫を取り入れた発表練習をした。また，第8時ではSTEP3に取りかかる子供が増えたため「タブレットを使った発表練習

の仕方」について，具体的な方法を記したものを用意し，「学ブック」に追加した。

　子供はSTEP３の学習をする人を黒板に提示したシートから見付け，児童用タブレットを使って互いに発表を動画撮影しながら，自身の発表を見直し，修正し

撮影した発表練習を見直す様子

ていた。児童Ａも周りの子供に積極的に声をかけて，発表練習に意欲的に取り組む姿が見られた。

第３ステージ　全体発表をする。また，他者の発表を参考にしながら自身の発表の改善点やこれから取り入れたい工夫についてふり返る

　児童Ａは元々発表に対して苦手意識をもっていた子供であったが，ラーニング・マウンテンに設定した学習の成果が発表に表れており，目線や笑顔を意識したり，バレーの動きを動画だけでなく，実演を加えて補足したりするなどして，相手に分かりやすく話すことを意識した発表ができていた。発表後は「繰り返しをして強調する話し方が分かりやすかったから，これから取り入れたい。もっと画像を入れると伝わったかもしれない」と，他者の発表から自身の改善点を見付け，記述することができた。

児童Ａの発表の様子

7　授業を終えて

　ラーニング・マウンテンを活用したことで，子供は目指す姿を明確にできたことに加え，自身の学習状況を把握し，見通しをもって自己調整しながら学習を進めることができた。評価の観点1「知識・技能」では，実際の発表場面での資料活用を評価した。評価の観点2「思考・判断・表現」では，実際の発表場面で，相手に伝わりやすいように表現を工夫しているか，さらに発表の中で伝わるものであるかを評価した。そして，評価の観点3「主体的に学習に取り組む態度」では，「クライミングシート」で子供が単元の目標に向かって学び方や学習活動を自己調整し，主体的に学ぶことができているかをラーニング・マウンテンと照らし合わせて評価した。

　課題は，学習活動の目的を明確にできていないために，ふり返りで次時以降の学び方について具体的に記述できていなかった子供がいたことである。改善点として，ラーニング・マウンテンの学習活動に，その学習を設定する目的を記述させる必要がある。なぜその学習活動を設定するのかを明確にさせることで，交流する相手や学び方について見直し，学習を自己調整できるようにしていきたい。

　授業を進める中で印象的だったのは，ラーニング・マウンテンを繰り返し確認する子供の姿である。子供は目標に向かう一つ一つの学習を大切にし，これまでの学習とこれからの学習を結び付けていた。これはラーニング・マウンテンにより単元全体の構造をつかみ，学習の見通しを可視化できていたからこそ生まれた姿である。この本単元での学びが，子供のこれからの学習に生きることを願うばかりである。

　これからもラーニング・マウンテンを活用した自己調整学習における指導・支援の方法について研究を進めていきたい。

（長坂耕司）

事例3　国語（第6学年）

自己選択や自己決定の機会の保障

Summary
国語「読むこと」における学びの文脈（ラーニング・マウンテン）の考え方

　国語科「読むこと」においては，学習材との出合いによって生まれた素朴な疑問や興味・関心，問題意識を「問い」として位置付け，言葉による見方・考え方を働かせながら問いを解決していく問題解決のサイクルを連続的・発展的に回していく授業の在り方を目指している。特に，子供たちが何をどのように学ぶとよいか見通した上で，学習内容・学習方法・学習形態を自己選択や自己決定する機会を保障してきた。現代のVUCAな社会において，子供自身が課題解決に向けて自分の学びを捉え直し，最適解・納得解に向けて主体的に考え，時には修正・改善を図りながら自分で学習を進めていくような学びの在り方が求められていると考える。そのため，教師が単元を通して身に付けさせたい資質・能力を明らかにしながら，子供と共にラーニング・マウンテンを創り，必要に応じてラーニング・マウンテンに立ち返りながら子供と共に学びの文脈を創る授業が，目指すべき学びに近付くものと捉え，実践してきた。

　本事例では，単元の学習課題を解決するために，自分に必要な学習内容・学習方法・学習形態を自己選択や自己決定しながら学び，必要に応じて違う視点をもつ友達と協働することを通して，課題解決のサイクルを連続的・発展的に回していこうと試みた実践を紹介する。

Case
単元名「作品の世界を想像しながら読み，考えたことを伝え合おう」
（「やまなし」光村図書）

1　単元づくりのポイント

①学習材との出合いから生まれた「問い」をもとに単元の学習課題を設定し，学習計画を子供と共に創る。
②単元の学習課題を解決するために必要な学習活動を自己選択・自己決定する機会を保障し，主体的に問いを追究する。
③ラーニング・マウンテンに立ち返りながら，学習をふり返り，自分たちの学びの現在地と進んでいくルートを調整する。
④子供たちが，習得した資質・能力を活用する学習場面を設定し，探究的な学びの成果を実感していく時間を設定する。

2　単元のねらいと概要

　この単元では，子供たちが，「『やまなし』を通して，宮沢賢治からどんなメッセージを受け取ったのか交流し合うこと」を目的として，「やまなし」の豊かな表現や対比されている構成に着目し，単元の学習課題を解決するために必要な学びを自己選択・自己決定しながら，「やまなし」を表現面や構成面から捉え直す活動を通して，表現が工夫されている文章を見付ける力や物語の全体像を具体的に想像したり表現の効果を考えたりする力，自己調整を図りながら問題解決しようとする態度を育成することがねらいである。
　指導に当たっては，学習材の理解に留まることなく，作者である宮沢賢治の生き方や考え方と関連付けることで，それぞれの世界が何を象徴しているのか，一読者として賢治からどんなメッセージを受け取ったのか考えていくことができるように，賢治の人生観と関わって学ぶ必要がある。

3　ラーニング・マウンテン

やまなし

単元の学習課題：宮沢賢治は「やまなし」を通して、私たちに何を伝えたかったのだろうか。

ゴール

分かること・できること	考えること・表すこと	工夫して学ぼうとすること
比喩や反復などの表現が工夫されている文章を見つけることができる。	「やまなし」がどのように描かれているかに着目して読み、作品の構成や表現のよさについて考えをもつことができる。	単元の学習課題の解決に向けて、分かったことをまとめながら、さらに必要な学習を考え、単元の学習課題について考えをもとうとしている。

【第3次】
「やまなし」から受け取ったメッセージを交流し合う。

宮沢賢治の他の作品を読み、分かったことを交流し合う。

【単元を通して、できるようになったこと・分かったこと】

【第1次】
感想を交流する。

個人の問いについて調べる。

単元の学習課題を決める。

【第2次】
表現の工夫を見つける。

子かにらの心情の変化を調べる。

五月と十二月で何が対比されているのか考える。

宮沢賢治について調べる。

スタート　比喩、情景描写、心情の変化、会話文、行動、あらすじ、場面の様子　など

4　単元の評価規準

知識・技能	思考・判断・表現	主体的に学習に取り組む態度
・比喩や反復などの表現の工夫に気付いている。 ((1)ク)	・「読むこと」において，物語の全体像を具体的に想像したり，表現の効果を考えたりしている。（C(1)エ） ・「読むこと」において，文章を読んで理解したことに基づいて，自分の考えをまとめている。（C(1)オ）	・粘り強く，物語の全体像を具体的に想像したり，表現の効果を考えたりして，学習課題に沿って，作品について考えをもとうとしている。

5 学びの文脈を創る単元イメージ（全9時間）

　単元の学習課題を子供と共に設定し，学習課題の解決に向けて連続的・発展的に学ぶサイクルを回すようにする。その際に，ラーニング・マウンテンを用いて身に付けたい資質・能力の可視化を図りながら，単元の学習課題を解決していくための一単位時間の活動を子供たちと話し合い，学びの文脈を創り出すようにする。

第1次（第1・2時）

- 「やまなし」を読み，初発の感想から個の疑問をまとめ，解決していきたい個人の問いを明らかにする。
- 個人の問いを追究し，全体で分かったこと，分からなかったことを共有し合う活動を通して「学級全体で考えたいこと」を明らかにし，単元の学習課題を設定する。
- ラーニング・マウンテンを用いて身に付けたい資質・能力を確かめるとともに，問いを解決するための学習活動の見通しをもつようにする。

第2次（第3〜7時）

- 単元の学習課題を解決するための学習内容・学習方法・学習形態を選択し，問いを追究する。
○「五月」「十二月」のかにの子どもらの行動や会話から心情を捉える。
○比喩や造語，色彩語などの表現の工夫を捉える。
- ラーニング・マウンテンを用いて学びをふり返り，単元の学習課題の解決に向けて，どこまで近付いたか，次はどのように学ぶとよいか確かめ，学びの自己調整を図る。
- 「五月」と「十二月」の対比の仕方を捉え，表現の効果について考える。
- 単元の学習課題を解決するための学習内容・学習方法・学習形態を選択し，問いを追究する。
○これまでの学習活動から，より追究したい活動を選択し，学習課題について考える。

○「イーハトーヴの夢」を読み，宮沢賢治の生き方・考え方について調べる。
・単元の学習課題の解決に向けて，どこまで近付いたか，どのように学ぶとよいかふり返り，学びの現在地を把握し，自己調整を図る。

第3次（第8・9時）

・「やまなし」を通して作者は何を伝えたかったのか，まとめたことを共有する。
・自分が選んだ作品について考えをまとめ，交流し合う。
・自分が選んだ宮沢賢治の作品と「やまなし」を比較し，共通点や相違点を見付ける。まとめたことを交流し合い，宮沢賢治の作品のテーマ性について考える。

6　実際の授業の様子

第1ステージ　ラーニング・マウンテンを創る

■第1・2時
(1) 子供たちと学習材との出合い

　子供たちは，教師の「やまなし」の範読を聞いて，「え〜，わけが分からない。」「何を伝えたい話だったの？」などとつぶやいた。そこで，「みんなで考えたいこと」「不思議だと思ったこと」「面白いと思ったこと」を視点として感想を書かせた。その中で，「もっと知りたい」「分かるようになりたい」ものを「個人の問い」として位置付け，「個人の問い」を解決する時間を20分ほど設定した。その後，全体で分かったことを共有し合う中で，「学級のみんなと一番解決したい問いは何ですか？」と聞いたところ，「宮沢賢治はこの物語を通して，何を伝えたいのか

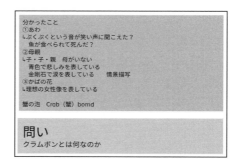

追究後に解決された「個人の問い」

を知りたい」という問いに集約され，単元の学習課題を「宮沢賢治は『やまなし』を通して，私たちに何を伝えたかったのだろうか」と設定した。

(2) 単元を通して課題を解決するための学び方を見通す

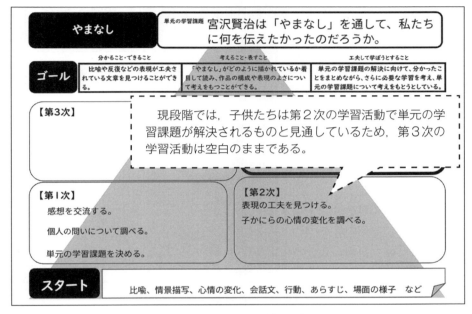

第1・2時段階のラーニング・マウンテン

　第2時では，単元の学習課題を解決するために，学習をどのように進めるとよいか尋ねると，「これまで人物の心情を追ってきたから，かにの行動・会話文に着目して心情の変化があるか考えるのはどう？」「『帰り道』みたいに登場人物を通して伝えたいことが分かることが多いよね。」「情景描写などの表現に心情が表れていることもあるから，表現の工夫を探し出すのもいいね。」と既習の学び方をもとにして課題を解決する見通しが立てられた。

　ここで，ラーニング・マウンテンを用いて学習計画を立てた。子供たちは，ラーニング・マウンテンの身に付けたい資質・能力を見た時に，「表現の工夫がたくさんあったよね。」「何度も読まなきゃ宮沢賢治の伝えたいことは分かりそうにないね。」と話し，解決に向けて，どんな力が付くとよいか，残

りの学習時数から課題解決に向けて大まかに見通す姿が見られた。

第2ステージ 学習課題を解決する

■第3・4時

(1) 課題解決に必要な学習活動を自己選択や自己決定し，課題の解決を図る

単元の学習課題

> 宮沢賢治は「やまなし」を通して，私たちに何を伝えたかったのだろうか。

自己選択や自己決定する学習活動

| 「五月」と「十二月」のかにの子どもらの行動や会話から心情を捉える。 | 比喩や造語，色彩語などの表現の工夫を捉える。 |

単元の学習課題を解決するために，必要な学習内容・学習方法・学習形態を自己選択や自己決定し，個々で学びを進めた。進めていく

選択・決定するもの	
学習内容	人物の心情を調べる ／ 表現の工夫を調べる
学習方法	教科書，全文シート，ロイロノート・スクールの資料（分かち書きされている全文）
学習形態	個人，ペア，グループ

中で，ペアで教え合う姿やグループで確かめ合う姿が生まれた。あるグループが「宮沢賢治の他の作品も調べたいです。『やまなし』には変な表現が多いような気がします。」と話したため，用意していた宮沢賢治作品を30冊ほど提示した。人物の心情について調べたグループは異なる学習内容である表現の工夫を調べる子供もいれば，もう一度行動・会話文に着目して読み直す子供の姿，宮沢賢治の他の作品を読み進める子供の姿も見られた。

(2) 教師の描いた文脈と子供自身の文脈が折り重なっていく

「やまなし」では，対比されている構造や表現に目を向ける学習活動を行うことで，「物語の全体像を具体的に想像したり，表現の効果を考えたりする」力がよりよく育まれると考える。そこで，「人物の心情を調べる」「表現の工夫を調べる」と複線化された学習活動において，「五月」と「十二月」が対比されている点があることに気付くように，教師が意図的に関わるよう

にした。関わり方としては，かにの心情について調べているグループには，机間指導で「五月と十二月では，心情は同じように変化していくのかな。」「五月と十二月の展開の仕方は，どのような違いがあるかな。」と問うた。表現の工夫を調べているグループには，机間指導で「五月と十二月では表現が工夫されている言葉の数はどうなっているかな。」「色彩語について調べているけど，暗い表現は五月と十二月のどちらに多かったかな？」と問うた。

複線化された学習活動で学んだことを共有した際には，心情が変わっていること，そのきっかけは何かが水の中に入ってくること，五月は「日光の黄金は」から昼間の出来事であり，十二月は「月光の」から夜の出来事であることなどが出され，対比された構造や表現に目を向けた発言が見られた。

(3) 学びをふり返り，単元の学習活動を見通す

複線で学んだことを共有した後には，単元の学習課題が解決できたか問い，解決に向けて学びを調整する機会を設けた。子供たちからは「まだ捉えきれていないけど，自然を大切にしようって話かな。」「五月と十二月にいくつか違いがあったから，他にもないか探してみると，どっちが宮沢賢治の伝えたいことなのか分かると思う。」という発言が見られた。

そこで，ラーニング・マウンテンに立ち返りながら，次時は，五月と十二月では表現面と構造面でどんな違いがあるのか考える時間を位置付けた。

また，「個人の問い」が解決できたかどうか確認する時間を設けた。これまでの学びをふり返ったところ，自身の問いが解決できた子供の姿が多く見られた。

本単元では，単元の学習課題の解決を図りながらも，個人の問いを解決していく展開を構想している。個人の問いの解決ができることで，子供の学びに対する主体性が生

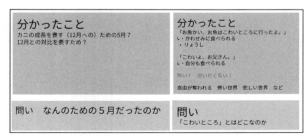

第4時には解決された「個人の問い」

まれ，単元の学習課題の解決に没頭しながら探究していくものと考える。

■第5時

　第5時は対比に目を向けて単元の学習課題の解決を図る時間とした。どの子も対比的に物語を読み直すための視点を示すために，まずは教師と共に五月の「季節・時間帯・落ちてくるもの・かにの心情・川の中の様子」について全体で確かめた。その後，五月に対して十二月がどうなっているのか調べる活動を行った。

　分かったことを共有してみると，視点に合わせて違いが明らかになった。中には，「かにの心情が変化していること」が同じことや，「会話→落ちてくるもの→会話」といった展開が同じことなど，共通点を見いだす子供もいたため，「同じような展開でも心情が変わっているのはどうしてだろう。」と落ちてくるものに着目するよう発問を投じた。その後，「かにたちにとってその落ちてくるもの（かわせみ・やまなし）はそれぞれどんな存在なんだろう。」と投げかけた。子供たちは「かわせみは怖い存在でやまなしは幸せな存在」と捉えていた。

　第5時の終わりに，現地点での学びを整理し，単元の学習課題の解決に向けて自己の立場を調整・修正するために，チェックシートを用いてふり返りを行った。【やまなしを通して何を伝えたいのか】の項目において「よく分かる」と回答した子どもは，まだいなかった。これからどのように学習していきたいか聞くと，「もう少し違いを見付けて，どっちを大事にしたいのか考えたい。」という意見が出てきた。ここで，教師から「作者の宮沢賢治ってどんな人なんだろうね。」と話すと，「教科書に『イーハトーヴの夢』で宮沢賢治のことが書いてあった。」「宮沢賢治がどんな人かということもメッセージを受け取る上で大事なことだと思う。」と，宮沢賢治についても調べていくことになった。

理解度や課題の解決度を確かめる
チェックシート

■第6・7時
(1) 課題解決に必要な学習活動を自己選択・決定し、課題の解決を図る
単元の学習課題

> 宮沢賢治は「やまなし」を通して、私たちに何を伝えたかったのだろうか。

複線化された学び

| これまでの学習活動から、より追究したい活動を選択し、学習課題について考える。 | | 「イーハトーヴの夢」を読み、宮沢賢治の生き方・考え方を調べ、学習課題について考える。 |

　はじめに、前時の達成度チェックシートをふり返った。その上で、単元の学習課題を解決するために、必要な学習内容・学習方法・学習形態を選択し、個々で学びを進めることにした。「自己の理解度が低いものを選択する子供」「新たな視点の宮沢賢治について選択する子供」など、個々の課題意識によってそれぞれの活動となったが、次第に、対比について考える2グループ、表現の工夫をより調べる1グループ、宮沢賢治の生き方・考え方について調べる4グループと、3～5人でグループが構成された。

友達と協働的に学ぶ姿

(2) 「学びの深まりを実感すること」＝「学びの有意味をメタ認知すること」
　それぞれで分かったことを共有していくと、「『イーハトーヴの夢』から、宮沢賢治は人間も動物も植物もみな同じように大切であると考えていると分かった。」「宮沢賢治の妹のトシが亡くなった次の年に『やまなし』を書いているし、『永訣の朝』に妹が亡くなった悲しみが書かれているから、このやまなしも『死』について読者に考えてもらいたいのだと思う。」と話す子供の姿が見られた。これは、個に応じた追究を位置付けたことで宮沢賢治の生き方・考え方を深く調べ上げることができた姿と捉える。また、「『よだかの

星』ではたくさんの羽虫を殺さなければ生きていけないよだかが描かれていて，ここでも生きていくには『死』が必要だと伝えたいんだと思う。」「五月の『かわせみ』も魚の命を奪っていくからつながっているね。」と話したため，教師から「十二月にも死が関わっているものはあるのかな。」と投げかけると「『やまなし』が落ちてくるのは，熟して落ちてくるからやまなしの実にとっては死でもある。」と，個に応じた追究で見出したメッセージ『死について』を「やまなし」と結び付けた発言が見られた。

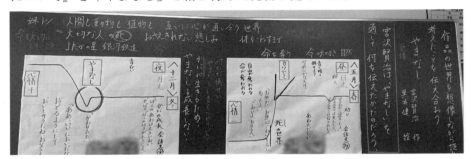

子供たちの発言をまとめた板書

　ここで，「個人の問い」で位置付けていた「なぜ『やまなし』という題名なのだろう」を子供たちに投げかけた。「やまなしが落ちてくると，かにが生きていく喜びにつながるから。」「やまなしの死がかにたちを支えていくものにつながるから。」と話した。物語を超えて追究した宮沢賢治の生き方・考え方から見いだした「死の意味」「命の大切さ」を物語に立ち返り，つなげて思考したことで学びの深まりを実感している姿が見られた。

第3ステージ 習得した資質・能力を単元内で活用する
■第8・9時
　前時の学びの深まりから，他作品への興味が高まっている子供が多くいた。そこで，子供たちと「よだかの星」「銀河鉄道の夜」「なめとこ山の熊」「雪わたり」などの作品と「やまなし」の共通点はあるか，他作品の共通点から分かる宮沢賢治からのメッセージもあるのではないかと話し合い，調べることにした。

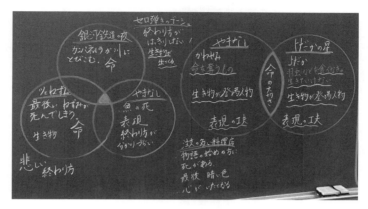

子供たちの発言をまとめた板書

　この学習活動は,「やまなし」の学習を通して,習得した資質・能力(作品の全体像を想像する力,表現の工夫を見付ける力,表現の効果を考える力)を活用する場として設定したものである。

　他作品を読み進めていくと,「生き物が出てくる作品が多い」「やまなしと同じように『死』について書かれている作品がある」「情景について表現を工夫している作品が多い」などと,宮沢賢治の作品から,自然や生き物を思う優しさや,賢治の死生観,巧みな表現のよさなどを見いだしていた。

7　授業を終えて

　本実践では,子供たちに自己選択や自己決定する機会を保障してきた。そうすることで,子供たちが自己の学びと向き合い,主体的に課題を追究し続ける姿につながった。また,ラーニング・マウンテンを用いることで自己の学びの軌跡をふり返り,目指すゴールに向けて自己調整を行うことができた。ラーニング・マウンテンを用いること,子供たちが自己選択や自己決定する機会を保障することは,学習者が学びを主体的に探究していく授業に近付くための手段として有効であったと考える。

(吉田寛典)

事例4　社会（第3学年）
意味あるパフォーマンス課題のゴールへの位置付け

Summary
社会における学びの文脈（ラーニング・マウンテン）の考え方

　社会科では，身の回りにある社会的事象から子供たち自身が学習課題（問い）を見付け，それを解決するために学習活動に取り組む力や，よりよい社会をつくる一員として自分に何ができるかを考え，表現する力を付けることが求められている。そのために，単元全体を貫く学習問題を設定し，その問題を解決するために獲得しなければいけない知識と考える材料としての知識を関連付けながら，子供たちが必要感をもって問題解決に取り組むことができるよう学習活動を教師がファシリテートしていくことが大切である。ところが，これまでの学習では教師主導でつくった学習問題や学習計画で学習を進めざるを得なかったり，子供の必要感のないまま資料提示をしたりすることがあった。3年生の「自分たちの市を中心とした地域の社会生活」，4年生の「自分たちの県を中心とした社会生活」の学習において，目の前にある子供の生活や経験に沿ってダイナミックに単元構想をすることに難しさを感じていた。今回，ラーニング・マウンテンのゴールにパフォーマンス課題を位置付けるようにした。その課題の意味付けを重視したラーニング・マウンテンを用いて，子供に付けたい力と子供たちのやりたいことやできるようになりたいことを整理しながら，教材研究を進めた。子供たちの実態や思いに合わせて，柔軟に学習を展開しながらも，付けたい力を着実に身に付け，問題解決の面白さを実感しながら追究できるようにしていく。

Case
単元名「もっと知りたいみんなのまち～私たちの市の様子～」

1　単元づくりのポイント

①ラーニング・マウンテンの中心に，使用する資料と付けたい力を位置付け，ゴールにパフォーマンス課題を示し，教材研究をする。
②各学級の子供たちの思いや願いを聞きながら，単元計画とパフォーマンス課題を設定し，ラーニング・マウンテンの横に位置付ける。

2　単元のねらいと概要

　前単元では，実際に観察や見学することを通して，学区の地理的環境について学習している。本単元は，観察や見学することを限定し，写真や地図などの資料を使って，盛岡市の地理的環境について理解を深めていく。この単元は，子供たちにとって，社会科の基本的な学び方に初めて出合う単元である。子供たちには，社会的事象を比較したり，関連付けたりしながら理解を深めていくよさを実感させたい。また，ゴールにパフォーマンス課題を設定することで，単元を貫く問題意識を持続させ，一単位時間の学習がどこに位置付いているかを子供たち自身が確認しながら学習を進められるようにしていく。本校の３年生では，社会科を教科担任制で学習しており，学級の実態に合わせてラーニング・マウンテンを作成し，子供の課題意識と付けたい力に合わせて学習が展開できるようにしていく。

3　ラーニング・マウンテン

【教材研究時】

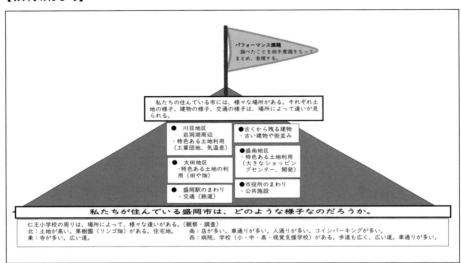

【単元計画作成後】

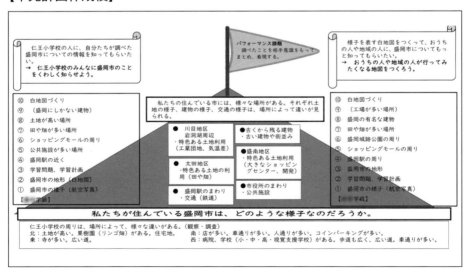

4 単元の評価規準

知識・技能	思考・判断・表現	主体的に学習に取り組む態度
・都道府県内における市の位置，市の地形や土地利用，交通の広がり，市役所など主な公共施設の場所と働き，古くから残る建造物の分布などについて観察・調査したり地図などの資料で調べたりして，必要な情報を調べたりして，必要な情報を集め，読み取り，市の様子を理解している。((1)ア(ア)) ・調べたことを白地図やポスター，文などにまとめ，自分たちの市の様子を理解している。((1)ア(ア))	・都道府県内における市の位置，市の地形や土地利用，交通の広がり，市役所など主な公共施設の場所と働き，古くから残る建造物の分布などに着目して，問いを見いだし，市の様子について考え，表現している。((1)イ(ア)) ・市内の特色あるいくつかの場所の様子を調べ，比較したり，分かったことを総合したりするなどして場所の違いを考え表現している。((1)イ(ア))	・自分たちの住んでいる市について，予想や学習計画を立てたり，見直したりして，主体的に学習問題を追究し，解決しようとしている。

5 学びの文脈を創る単元イメージ（全10時間）

第1次 つかむ（第1〜3時）

- 盛岡市の空中写真から，学習問題をつくる。
- 学習問題を解決した後，どのようにしたいかを問い，「学習したことを他者に伝えるために白地図にまとめる」というパフォーマンス課題をつくる。
- そのパフォーマンス課題を達成するために，どのように学習を進めていくかについて話し合い，学習計画をつくる。

第2次 調べる（第4〜9時）

- 子供の思いをもとに，市内の特色ある地域について調べる。
- 学区調査で身に付けた見方（建物・土地の高さ・土地利用・交通・人）を用いて，学区と特色ある地域や特色ある地域同士を比較しながら，パフォ

ーマンス課題を目指して学習を進める。
・地形の様子と土地利用，交通網と公共施設や商店の分布などを関連付けて考える。

第3次　まとめる（第10時）

・盛岡市の様子について，これまで調べたことをもとに，特色ある地域について白地図にまとめる。
・白地図はそれぞれが決めた相手意識や用途に合わせて，地域ごとの違いが分かるようにまとめるようにする。

6　実際の授業の様子

第1ステージ　学習問題をつかむ

(1)　1組の学びの文脈

「次はもっと違うところを調べてみたい」という前単元のふり返りをもとに学習の導入を図った。違うところについて問うと「盛岡市の他の場所」と子供たちが話したので，盛岡市の空中写真を示した。子供たちは口々に気付いたことを話し始めた。「ぼくたちの学校はどこだろう。」「真ん中に大きな川が通っているよ。」「北の方は緑が多い。」，このような子供たちの発言を受けて，今まで調べてきた学区の位置を確認すると，自分たちが調べてきた範囲はとても狭かったことに気付き，多くの驚きの声があがった。「これからどのようなことを調べてみたいですか。」と問うと「盛岡市の他の場所はどのような様子なのか調べたい」「学区探検の時のように，違いがあると思うから確かめたい」という意見が多く出た。その意見をもとに「盛岡市の他の場所は，仁王小学区と比べてどのような違いがあるのだろう」という学習問題を設定した。その日のふり返りの「盛岡市をもっと上から見てみたい」という記述から，第2時にはGoogle Earthを用いて，岩手県における市の位置を確認し，トレーシングペーパーで地図を写し取ることで，市の形状を確認した。第3時には，学習問題を解決するための学習計画・パフォーマンス

課題について話し合った。1組の子供たちは「学校の人たちに自分たちの調べた情報を発信して成長を見せたい」という意見が多かった。これは、2年生の生活科で学区のお店についてまとめ、全校に発信した経験を想起してのことだった。2年生の時よりも広い範囲かつ、社会科の見方・考え方で調べたことを白地図に表現し、発信したいという思いで1組はまとまった。

(2) 2組の学びの文脈

2組は前単元のふり返りの際に「盛岡市の他のところも違いがあると思う。」と語っている子がいた。その子の意見について、たくさんの子供が自分の考えを話したり、書いたりしていたので、第1時に市の空中写真を見せると、違いについての気付きを発表する子供が多かった。その中で「遠すぎてよく分からないから近くに行ってみたい」という意見が出た。そこで、盛岡市全域の地図を示し、学区の位置を確認すると「全部の場所に行ってみるのは難しそうだ」という意見にまとまった。近くに行って、何を見てみたいのかを問うことで、改めて学習問題について話し合い、2組の学習問題は「盛岡市の他の場所は、どのような様子なのだろうか」と決まった（2組はこの段階で「学区の学習と比較する」という考え方は子供から出ていない）。第1時のふり返りの段階で、どの場所について調べたいかの意見が多く出ていたので、2組では第2時に学習計画を立てることにした。学習問題を解決するためにどのような場所を調べればよいかを問うと、ほとんどの子供が前単元の学習や空中写真で見た様子などをもとに、調べたい場所を考えることができていた。問題を解決した後どうしたいかを問うと、2組では「家族や地域の人に発信したい」という思いが強かった。その理由は、「自分たちがまとめた地図を使ってほしい」という願いからだった。

市の空中写真を見て気付いたことを
話し合う子供たち

第2章 「学びの文脈」を活用した各教科等の授業プラン　057

	1組	2組	評価規準
第1次	①市の空中写真から予想を立て，学習問題をつくる。		・ノートの記述や発言内容から「市の空中写真や前単元の学習をもとに話し合い，学習問題をつくり表現しているか」を評価する。 ・ノートの記述や発言内容から「市の様子について身近な地域との違いを考え，表現しているか」を評価する。 ・ノートの記述や発言内容から「県内における市の位置や隣接する市などとの位置関係を理解し，八方位を使って表現しているか」を評価する。 ・ノートの記述から「市の様子を調べる学習問題について予想し，学習の見通しを立てて主体的に追究しようとしているか」を評価する。
	盛岡市の他の場所は，仁王小学区と比べてどのような違いがあるのだろう。	盛岡市の他の場所は，どのような様子なのだろうか。	
	②白地図を作成し，県内における市の位置や隣接する市などとの位置関係を調べる。 ③学習計画を立て，パフォーマンス課題を設定する。 仁王小学校の人に，自分たちが調べた盛岡市についての情報を知ってもらいたい。 →仁王小学校のみんなに盛岡市のことを詳しく知らせよう。	②学習計画を立てる。 ③パフォーマンス課題を表現するための白地図を作成し，市の位置や隣接する市などとの位置関係を調べる。 様子を表す白地図をつくって，おうちの人や地域の人に，盛岡市についてもっと知ってもらいたい。 →おうちの人や地域の人が他の地域に行ってみたくなる地図をつくろう。	

第2ステージ 学習問題について調べる

(1) 1組の学習の様子

　1組は,「生活科で付けた力が成長したところを示したい」という思いが強かったので,自分たちにとって身近で行ったことがある地域から調べ始めることに決まった。1組では,学習計画の段階で「仁王小学区との比較」という考え方があったので,それぞれの地域の様子を予想する段階で「建物・土地の高さ・土地利用・交通・人」の見方で予想を出させた。その一方で,写真や地図から情報を得ることが得意だったが,文章と関連付けて調べることに難しさを感じる様子があったので,第5・6時は全体で資料を読み取る時間を多く設け,自分たちが立てた予想が写真や地図だけでは分からない,ということに気付かせるようにした。第7時からは,予想ごとにグルーピングし,自分たちが立てた予想について資料を使って調べ,共有した。全体でそれぞれの事象の関連について考えを深めた後,学習問題に対するまとめを自分で考え,表現する時間を設けた。

　第7時の「田や畑が多い場所」の学習では,「田が多い場所は,川の近くで平らである」という土地の利用には気付いたが,「果樹園が高い場所にある」というところまで学習を深めることができなかった。そのため,選択の学習では「土地が高いところ」の学習を選択し,前時の地域との土地の利用の仕方を比較することで,土地の高さと社会的事象との関わりについて学習を深めた。

(2) 2組の学習の様子

　2組は,学習問題をつくった時点で「違い」についての考え方が出なかったので,はじめの「駅の周り」についての学習で,子供たちの必要感から「違い」の考え方が出るように展開した

グループで話し合う子供たち

第2章 「学びの文脈」を活用した各教科等の授業プラン　059

いと考えた。子供たちは盛岡駅の周りの様子について「人が多い。」「背の高い建物が多い。」「バスやタクシーが多い。」と発表していた。したがって「多いというのは，何と比べて多いのですか。」と比較対象について問う発問した。すると，ほとんどの子供が「前単元で学習した

それぞれの調べたことを比べる子供たち

学区との違い」で発言していることに気付くことができた。そこで，これからは「仁王小学区との違い」という見方で「建物・土地の高さ・土地利用・交通・人」について調べていくことを，子供たちの必要感をもとに整理することができた。

　また，2組では地形の様子と土地利用のつながりについての理解に難しさを感じていたので，選択の学習では「工場の多い地域」を取り上げた。今までの学習のふり返りをしながら，空中写真で注目していたのにもかかわらず調べていない場所について想起させ，その場所はどのような様子なのか予想し，学習を進めた。その結果，子供たちは工業団地が国道の近くにあること，住宅が少なく静かな場所にあることの意味について考えることで，地形と土地利用の関わりについて気付き，他の地域の土地利用についての考えをふり返りに記入している子供もいた。

調べたことを説明する子供

	1組	2組	評価規準
第2次	④盛岡駅の近く ⑤公共施設が多い場所 ⑥ショッピングモールの周り ⑦田や畑が多い場所 ⑧土地が高い場所 選 ⑨（盛岡にしかない建物）	④盛岡駅の周り ⑤ショッピングモールの周り ⑥盛岡城跡公園の周り ⑦田や畑が多い場所 ⑧（工場が多い場所） 選 ⑨盛岡の有名な建物	・ノートの記述や発言内容から「それぞれの地域の特色について，学区調査で用いた見方を使ったり，自分たちの身近な地域と比較したりしながらまとめているか」を評価する。

第3ステージ　学習問題についてまとめる

　子供たちは，はじめに盛岡市の形状を理解するために作成したトレーシングペーパーにこれまで調べてきた情報を思い思いにまとめ始めた。

　1組は「成長を知らせたい」という思いが強かったので，はじめに個人で取り組み，途中で困っていることや悩んでいることを共有することで，他の人が作成している地図を見合い，場所による違いを色で表したり，地図記号の大きさを変えたりするなど表現を工夫する子供が見られた。また，地図にまとめることで「線路や道路が集まっているところに店や住宅が多い」など，改めて社会的事象の関わりについて気付く子供がいた。また，「果樹園は土地が高いところにある」とその地域だけの学習では理解が浅かった事象についても，それぞれの情報を関連付けて表現するパフォーマンス課題によってより深い理解につなげて

調べてきたことを再構成する子供たち

第2章　「学びの文脈」を活用した各教科等の授業プラン　061

いる子供も見られた。さらに、対象を低学年にした子供は、振り仮名を振ったり、地図記号の説明を絵で入れたり、地図記号の色を変えたりするなど、対象に合わせた工夫をする姿も見られた。

　２組では、調べてきた見方にこだわって地図にまとめる様子が見られた。例えば、建物についてまとめたい子供たちはグループをつくり、地図記号で建物について示すことはもちろん、資料から調べた古くから残る建物だけでなく、新しくできた建物についても新しく情報を集め、それぞれのよさをまとめる様子もあった。また、そこから新しい建物は開発されている土地に多く集まっていることに気付き、それを他のグループに伝えることができていた。白地図を作成した後のふり返りでは「夏休みにおうちの人と行ってみたい場所が増えた」「違う市に暮らしている親戚に渡したい」など、自分たちの作成した白地図に込めた思いを表現する子供も見られた。

	１組	２組	評価規準
第３次	⑩白地図にまとめる。 目的：盛岡市の他の地域の違いについて詳しく知らせることで、生活科の学習からつくる地図が成長したことを知らせる。 相手：仁王小学校の児童・職員	⑩白地図にまとめる。 目的：盛岡市の他の地域の違いについて詳しく知らせることで、地図を見た人が他の地域に行ってみたくなるようにする。 相手：おうちの方、地域の方	・白地図やノートの記述から「市の様子について話し合い、場所によって違いがあることを表現しているか」を評価する。 ・ノートの記述や発言内容から「これまでの学び方をふり返り、これからの学習に生かしているか」を評価する。

7　授業を終えて

　同じ単元を2学級授業することで，子供たちの学びの文脈が多様であることを実感した。多様であるからこそ，それぞれの文脈に合わせて授業することは，教師にとっては非常に難しいことである。

　例えば，1組は比較，2組は総合する見方・考え方が得意である。しかし，パフォーマンス課題に向けた「できるようになりたい」「調べてきたことを相手に知らせたい」という子供たちの強い思いは共通であった。このことをラーニング・マウンテン上に，教師が視覚化することによって，それぞれの学級で，いつ，どのように手立てを組み，資質・能力を育むか，子供たちの要求に応えるかを想定して，日々の教材研究に取り組むことができた。

　今回ラーニング・マウンテンを用いて，教材研究をしたことで，単元の中で柔軟に子供たちの要求に応答したり，資質・能力を育むきっかけをつくったりすることができることが分かった。子供たち自身が決めたゴールが明確にあれば，教師も子供たちと一緒に右往左往しながら，問題解決学習を楽しむことができる。

　今回は，パフォーマンス課題を白地図の作成にしたため，子供たちと学びの現在地を共有することをより分かりやすくするために，単元計画を地図上に示した。子供たちとつくる学習問題に合わせて，子供たちと共にラーニング・マウンテンを創っていくことにも，今後挑戦していきたい。

（吉田詩惟）

> 事例5　算数（第2学年）
単元の導入段階における見通しの強化

Summary
算数における学びの文脈（ラーニング・マウンテン）の考え方

　小学校学習指導要領解説算数編（2017）では，「児童自らが，問題の解決に向けて見通しをもち，粘り強く取り組み，問題解決の過程を振り返り，よりよく解決したり，新たな問いを見いだしたりするなどの『主体的な学び』を実現することが求められる」と述べている。算数科における主体的な学びは，子供一人一人の問題解決のプロセスを重視している。中村（2016）は，「学習系統を捉えた指導とは，算数数学の特徴やつながりを理解し，既習の学習内容を拡張や統合発展しながら，概念や意味を繰り返し再構成していく指導と考えることができる。しかも，そこには児童生徒の発達段階，理解度，生活経験が考慮されることが重要である」と述べている。系統性が強い算数科では，子供一人一人の発達段階，理解度，生活経験などを問題解決型の学習に反映していくことが必要である。しかし，算数科では教科書構成に基づき一単位時間ごとに展開し，そこで完結してしまうような授業が多くなり，単元や題材などの内容のまとまりで学習している意識が低くなり，学んだことをメタ認知しながら実生活に発展的に活用することの難しさがある。

　一単位時間で完結する問題解決型の学習を改善するためには，単元や題材のまとまりを子供自身が意識できるラーニング・マウンテンの活用が有効である。系統性が強い算数科の特性を生かし，その連続性や発展性を子供が自覚することが学びの文脈を創ることにつながる。子供自身がゴールを意識し，ゴールまでの学習過程を教師と共に創っていくことに意を用いた。

Case
単元名「100をこえる数」(啓林館)

1　単元づくりのポイント

①既習事項をふり返ったり，これから学習する内容を教科書で見通したりして出てきた気付きや疑問をもとに，学習計画（ラーニング・マウンテン）を子供と共に創る。

②作成したラーニング・マウンテンをもとに，"教えるべきこと（資質・能力）"を明確にしていく。

③ラーニング・マウンテンに立ち返りながら，学習をふり返り，自分たちの学びの現在地と進んでいくルートを調整する。

④子供たちが，身に付けた力を生かした学習課題（ゴールの活動）に取り組む時間を設定し，個々の問題に合わせて自由に試行錯誤したり，楽しんだりしながら学習することができる時間を保障する。

⑤探究的な学びの成果をアウトプットする場面を設定する。

⑥ラーニング・マウンテンを用いて，単元を通した自己の変容や学び方をふり返り，次単元につなげていく。

2　単元のねらいと概要

本単元では，「100をこえる数をつかって〇〇をしよう」をゴールに設定する。単元のはじめからゴールを限定するのではなく，本単元で学習したことを生かして「何ができるか？」という問いを残すことで主体性と意欲を引き出すことをねらいとしている。単元の終末に，自身でできることを考え設定することで，学習の個性化につなげていきたい。クラス全体で同じゴールにすることにこだわらず，学習内容を生かすゴールであればグループや個人で取り組むことも認めていきたい。また，このラーニング・マウンテンを登っ

ていく学習過程において，自分自身で学ぶ方法を選択するなど，指導の個別化を図り個別最適な学びを推進したい。さらに，毎時の学びをラーニング・マウンテンに加筆修正しながら視覚化していくことで，学んだことをいつでも確認することができるようにし，そのことで学習の調整力を培っていければとも考えている。

　数についての理解を深めるために，10のまとまりで考えたり，計算棒やお金などの具体物を操作したり，十進位取り記数法の原理に基づいて考えたりする活動を重ねながら，1000までの数の理解を深めていく。

3　ラーニング・マウンテン

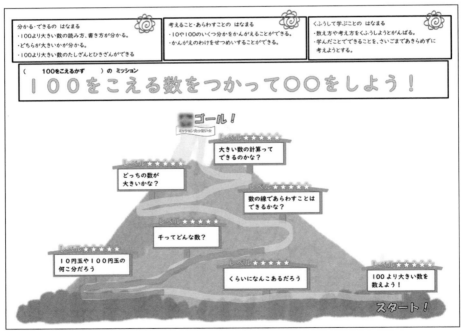

　単元前のイメージ図であり，児童と共に作成するため，実際にできあがるラーニング・マウンテンとは，多少異なることもある。

4　単元の評価規準

知識・技能	思考・判断・表現	主体的に学習に取り組む態度
・1000までの数の表し方や仕組みを理解し，十進取り記数法の仕組みをもとにして，1000までの数をよんだり表したりできる。 ・1000までの数の大小を比べることができる。　（A(1)ア(イ)）	・1000までの数について，具体物を操作して説明したり，10や100のなどを単位としてそのいくつ分とみて表現したり，加減計算の仕方を考えたりしている。 （A(2)イ(ア)）	・1000までの数について，数え方を工夫しようとしたり，単元のゴールを意識して学習内容を生かそうとしている。

5　学びの文脈を創る単元イメージ（全11時間）

　ラーニング・マウンテンを用いながら「学びの文脈」の可視化を図り，単元の目標や学習内容（スタートからゴールまで），評価の方向，単元で身に付けたい力を子供と確認できるようにしていく。

第1次（第1時）

- 1年生までの既習事項の内容を提示し，数え方を想起していく。
- 子供たちが数えたくなる身近なものを提示する。数える時間をしっかり確保し，子供たちが自ら問題を見いだすことができるようにする。
- 1年生と2年生の教科書を提示しながら，どんなことができるようになったのか，これからどんなことができるようになるか，なりたいかを引き出していく。
- 見いだした問題や単元への思いを全体で共有し，単元計画（ラーニング・マウンテン）を子供と共に創る。

第2次（第2〜7時）

- 3位数について，数の構成を説明する。
- 空位のある3位数について，数の構成を説明する。

・10を単位とする数の相対的な大きさを捉える。
・1000という数の構成や数の列を捉える。
・1000までの数の系列や順序を理解する。
・3位数の大小を比較する。

　一単位時間の学習内容を見極め，一斉指導重視の授業形態と，個別最適化を目指した授業形態を柔軟に使い分けながら進めていく。

第3次（第8～10時）

・練習問題を解き，内容の定着を図る。
・（何十）±（何十）＝（百何十）の加減の計算を行う。
・（何百）±（何百）≦1000や，その逆のひき算を行う。

第4次（第11時）

・「100をこえる数」で学習したことで，できる活動を考え取り組む。

　授業を考える際に指導書をもとに単元計画を立てるが，終末にそれぞれのパフォーマンス課題（ゴールの活動）に取り組もうとすると，限られた時数の中では時間が確保できなくなることがある。そのため，2時間計画になっているところを1時間で進めたり，定着を図る問題は家庭学習と効果的に関連付けたりしながら時間を確保していく。

　また，毎時間，課題解決型や個別最適な学習を仕組むのでは到底時間が足りないため，教えるべきところは教師指導と割り切って軽重を付けながら進めた。子供とラーニング・マウンテンを眺め，残り時数と現在地を確認したり，調整したりするなど，子供と共にデザインしていく意識を大事にしたい。そのためにも，教材研究の段階で，内容や子供の実態など，単元全体をイメージしながら授業を構想しておく必要がある。

6 実際の授業の様子

第1ステージ ラーニング・マウンテンをつくる

(0) これまでのラーニング・マウンテンの活用について7月の本実践を前に，4月からの活用の様子を整理する

①ラーニング・マウンテンを活用した学び方を知る

　2年生という発達段階を踏まえ，4月の段階では，教師が評価規準や学習過程をあらかじめ記入し印刷したラーニング・マウンテンを活用した。まずは，山登りのイメージを共有しながら，ミッションは暗算リレーという活動をこちらで示すことにした。マウンテンを提示し学習していくことで，子供たちも単元で学習するイメージをもつことができた。

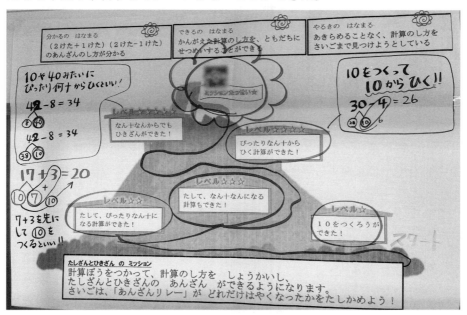

子供とのやり取りで完成したラーニング・マウンテン

第2章 「学びの文脈」を活用した各教科等の授業プラン　069

②子供たちとつくり始めたラーニング・マウンテン

　長さや筆算の単元では，マウンテンだけが印刷されたものを準備し，子供たちと一緒にマウンテンを加筆修正しながら創っていくようにした。

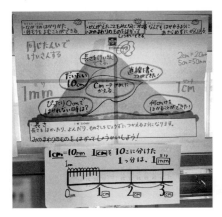
長さ

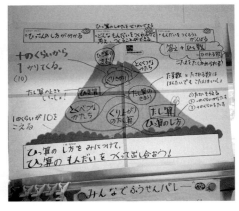
たし算・ひき算の筆算

③子供たちがつくり出したラーニング・マウンテン

　4～5単元目になると，マウンテンを活用する授業にも慣れてきて，新たな単元に入ると「マウンテーン！」と喜びの声があがるようになった。これまでの学習を想起したり，これからする学習のページを開いてみたり，子供たち自身で学習を進める場面が見られるようになった。一つ一つの学習過程にボスを出現させたり，今回の学習ではどんなゴールにできるかと話し合ったり，目を輝かせながらマウンテンを創ることができるようになってきた。それぞれの学習過程を付箋紙に書き出すようにしたのも，子供たちとの会話の中で，学習のプロセスを共有し，柔軟に調整するためである。

かさ

(1) 数えたいという思いを引き出す

　1年生までの既習のおさらいとして，粒状のチョコレート6個（バラバラ），10個（バラバラ），10個（5×2列），36個（バラバラ）を提示しながら，実際に数えていく中で，「1ずつ数える」「2ずつ数える（2とび）」「5でまとめる（5とび）」「10でまとめる（10が何個）」「数えたら消してい

身近なものを提示

く」という既習のキーワードを引き出していった。チョコレート菓子は，子供たちにとって身近なものであり，カラフルで色分けができる上に，ケースに入っていることから，箱の中に何個入っているのかという問いをもちやすいものである。

　バラバラの245個のチョコレートを提示した時の子供たちは，歓声とともに「何個？」といった数えたい欲求がクラス中に広がった。「100を超えそうだ」や，「実際に数えてみたい」「その写真をちょうだい」といった子供たちの発言がつながっていった導入であった。

(2) ラーニング・マウンテンを子供と共に創る①

　(1)の活動を通して，既習からレベルアップしていること（「120より多い！」）に気付かせ，これからの学習の方向性を示した。ラーニング・マウンテンづくりでは，単元を通して考えていく学習課題の設定から始めた。教材研究の段階では，100をこえる数をつかって，実生活の中につなげながら，

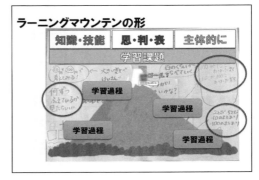

ラーニング・マウンテンづくり

第2章　「学びの文脈」を活用した各教科等の授業プラン　071

課題設定を計画していたが、身近な生活につなげればつなげるほど、個別化してしまうことに気付いた。そのため、あえて「○○しよう」と設定し、単元を歩んでいく中で、見いだしたことを踏まえて設定できるよう幅を設けた。明確にゴールを設定できる単元や教科もあれば、それらが難しい場合もある。子供たちが、「どんなことができるかな？」や「どんな楽しみがあるのだろう」とゴールを意識することが単元を見通しながら学ぶことの一歩目になると考えての設定である。また、ゴールにたどり着いた時に、クラス全員で一つの活動に取り組むだけでなく、グループや個人でもやりたいことに挑戦できるよう、個別最適な学びを目指したものでもある。

資質・能力の3観点は、子供の言葉で分かるように「わかる・できる（知識・技能）」「かんがえること・あらわすこと（思考・判断・表現）」「くふうしてまなぶこと（主体的に学習に取り組む態度）」とし、よくできるを「はなまる」という表現として共有し、教師側が考える「なってほしい姿」と、子供側が思う「なりたい姿」をすり合わせながら埋めていった。指導要領の指導事項については、落とすことができないため、あらかじめ教師側で提示したり、学習を進めながら付け足したりする場合もある。

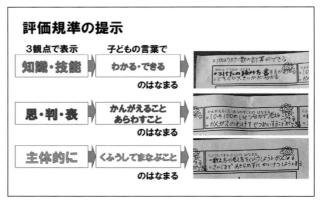

評価規準の提示

(3) ラーニング・マウンテンを子供と共に創る②

学習の系統性が強い算数科において、先に用語で確認していくことの難しさが聞こえてくる。既習事項が少ない低学年において、実際に学習した内容を、教科書を用いてふり返ることは、一つの効果的な手段だと考えた。1年生の時の教科書（「大きいかず」）の流れをふり返りながら、2年生の教科書

をパラパラとめくり見比べ、これからの学習を想起させた。

教材研究で、2学年の教科書を比較すると、単元の流れが酷似している。この部分に、子供たちが気付くことによって、同様の流れを歩んでいくことができるという考えを引き出していきたい。また、算数の学習において、既習事項を用いることが、解決の糸口になることや、発展していく系統性に気付

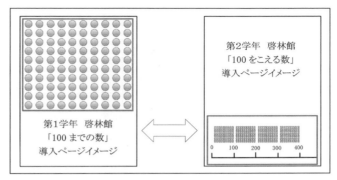

2学年の教科書の比較

1年生時の教科書へ

く機会になればとも考えた。今回は、「けいさん」「大きさくらべ」「数の線」「百まで」「くらいのへや」「10のまとまり」といったキーワードを引き出しながら短冊に書き出して、ラーニング・マウンテンづくりに活用していった。これらのキーワードは、考える視点となり、算数科における見方・考え方を働かせる足がかりになるため、注目できるよう共有した。学ぶ位が増えた時でも、これらのキーワードをもとに、大きな数を捉えることができればという思いがあった。

第2ステージ　ラーニング・マウンテンを活用する

(1) 学習の履歴

　各授業の導入では，ラーニング・マウンテンを確認し，前時までの学習内容のふり返りと本時の学習内容の見通しをもつことができた。

　特に，学習のふり返りでは，キーワードをメモしたり，全体での満足度をはなまるでチェックしたりし，学習の履歴を残すことができた。

ラーニング・マウンテンを用いた導入とふり返り

(2) 学び方の選択

　ラーニング・マウンテンで既習事項と未習事項をつなぐことで，子供たち一人一人が問題解決の場面で，見通しをもって，学び方を選択することができるようになった。事前に，解決の仕方として，「ことばでかく」「図でかいてみる」「算数セットをつかう」「ひとりで考える」「友だちにそうだんする」「先生にせつめいする」を提示することで，選択しながら学習している姿が見られた。ここでの教師の役割は，学び方の価値付け，子供への問い返し，同じ考えや違う考えの子供をつなぐなど，教師としてのマネジメント力を発揮しながら，学びの促進を図ることである。

やりたい人とやりたいように学ぶ

学び方を選択する子供たち

第3ステージ　ラーニング・マウンテンのゴールに立つ

　本単元のラーニング・マウンテンの頂上は，「100をこえる数をつかって○○をしよう！」であった。実際，子供たちが行った「○○」は以下のようなものであった。

・1000円分でお買い物ごっこ（1000－3桁がうまれる遊び）
・魚釣りたし算ゲーム（釣った魚の点数で3桁＋3桁ができる遊び）
・算数ボーリング（数字が振られたピンを倒し3桁＋3桁ができる遊び）
・くじ引き（引いたくじに記された数を比べる遊び）

　個人やグループに分かれ，算数で学んだことを活用しながら学びを広げたり深めたりする姿が見られた。中には，ゴールの活動を通して，新たな問いを抱く子供も現れ，「もう一つ位が増えたら？」や，「1000が10こ集まったら？」といった，次の学習内容につながる問いを抱いていた。こういった姿は，学びを「大きな数」という今回の単元だけで完結させることなく，既習の学びから今回の学び，そして次の学びへと，単元という枠を越え，十進位取り記数法の世界へ飛び込んで学ぶ姿だと言えるのではないか。

7　授業を終えて

　系統性の強い算数科において，ラーニング・マウンテンの活用は難しいかもしれないと考えていた。しかし，既習事項の内容と，学び方に注目することで，算数科でも効果的に活用できると感じた。また，2年生という発達段階においても，ステップを踏みながらではあるが，学び方やラーニング・マウンテンを活用しながら学びを進めている姿を価値付けていくことで，子供たち一人一人に沿った学びを創ることにつながった。学びのプロセスを見通すことができ，また，自己選択が保障されることで，自分の学びを調整することにもつながり，子供の主体性が高まったと感じている。今後も，各教科や各単元の特性を踏まえた活用を探りながら，実践を積み上げていきたい。

（清水皓太）

> 事例6　理科（第5学年）

問題の見いだしと連続性の重視

Summary
理科における学びの文脈（ラーニング・マウンテン）の考え方

　理科教育においては，子供たち自身で問題解決のサイクルを回し，学びを深めていくことが求められている。しかしながら，これまでの学習は教師が中心となって問題解決を進めていることが多くあった。教師がジェネレーターとなり，学習者中心の授業づくりをしていくためには，子供たち自身が単元を見通し，ゴールとなる姿や身に付けたい力を分かった上で学習していく必要がある。ラーニング・マウンテンを用いて学習を進めていくことは，子供と共に「学びの文脈」を創る上で有効な手立てとなると考えている。

　本校の理科教育において，長年大事にしてきたことは，子供が自然に親しみ，自然の事物に直接触れ合い，現象に直接関わる"直接体験"である。そして，この直接体験をもとに"子供自身が問題を見いだす"ことも大切にしてきた。このことは，子供にとって問題を自分ごとと捉え，問題を解決したい原動力となり主体的な問題解決につながってくると考えている。さらにそれを連続させることで探究心の持続と発展につなげている。

　教師は，直接体験を通して，子供たちが単元を通しての問題を見いだすことができるような導入をしていく。そして，子供たちの「なぜ？」「○○○をしてみたい」という思いを大切にしつつ，共にラーニング・マウンテンを創り，いつでもラーニング・マウンテンを見返しながら，子供たちの問題意識が途絶えることがないように，子供の思考の流れを常に意識した授業を展開していく。

Case
単元名「電流がうみ出す力」(東京書籍)

1　単元づくりのポイント

①直接体験を通して見いだした思いや疑問をもとに，学習計画（ラーニング・マウンテン）を子供と共に創る。
②作成したラーニング・マウンテンをもとに，"教えるべきこと（資質・能力）"を明確にしていく。
③ラーニング・マウンテンに立ち返りながら，学習をふり返り，自分たちの学びの現在地と進んでいくルートを調整する。
④子供たちが，身に付けた力を生かした探究活動を行える時間を設定し，個々の問題に合わせて自由に試行錯誤できる時間を保障する。
⑤探究的な学びの成果をアウトプットする場面を設定する。
⑥ラーニング・マウンテンを用いて単元を通した自己の変容や学び方をふり返り，次単元につなげていく。

2　単元のねらいと概要

　この単元では，子供たちが電流の大きさや向き，コイルの巻数などに着目して，これらの条件を制御しながら，電流がつくる磁力を調べる活動を通して，それらについての理解を図り，観察，実験などに関する技能を身に付けるとともに，主に予想や仮説をもとに，解決の方法を発想する力や主体的に問題解決しようとする態度を育成することがねらいである。
　指導に当たっては，物質・エネルギー領域の「量的・関係的」な見方を働かせながら，電磁石の強さについて，導線の巻数を一定にして電流の大きさを変えるなど，変える条件と変えない条件を制御しながら実験を行うことによって，実験の結果を適切に処理し，考察できるようにする必要がある。

3　ラーニング・マウンテン

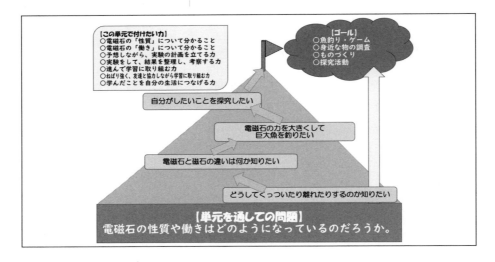

4　単元の評価規準

知識・技能	思考・判断・表現	主体的に学習に取り組む態度
・電流の流れているコイルは，鉄心を磁化する働きがあり，電流の向きが変わると，電磁石の極も変わることを理解している。　　　　　　　　　　(A(3)ア(ア)) ・電磁石の強さは，電流の大きさや導線の巻数によって変わることを理解している。　　(A(3)ア(イ)) ・観察，実験などに関する技能を身に付けている。　　(A(3)ア)	・電流がつくる磁力について追究する中で，電流がつくる磁力の強さに関係する条件についての予想や仮説をもとに，解決の方法を発想し，表現している。　　　　(A(3)イ)	・電流がつくる磁力についての事物・現象に進んで関わり，粘り強く，他者と関わりながら問題解決しようとしているとともに，学んだことを学習や生活に生かそうとしている。

5　学びの文脈を創る単元イメージ（全12時間）

　ラーニング・マウンテンを用いながら「学びの文脈」の可視化を図り，単元の目標や学習内容（スタートからゴールまで），評価の方向，単元で身に付けたい力を子供と確認できるようにしていく。

第1次（第1時）

- 教師が比較しやすい教具を提示し，電磁石について調べてみたい意欲をもたせる。
- 電磁石を使ったおもちゃの釣り竿で魚釣りゲームをする。魚釣りゲームの時間をしっかり確保し，子供たちが自ら問題を見いだすことができるようにする。
- 電磁石がどのようなもので構成されているのか知るために，釣り竿を分解しながら仕組みを調べる。
- 見いだした問題や単元への思いを全体で共有し，単元計画（ラーニング・マウンテン）を子供と共に創る。

第2次（第2～4時）

- 磁石と電磁石の性質の違いについて考える。磁石と電磁石の共通点や差異点に着目させ，予想をもとに実験方法を話し合い，電磁石の性質を調べる実験計画を立てさせる。
- 実験計画をもとに，グループごとに次のように電磁石の性質を調べる実験を行う。

  - 鉄（ゼムクリップ）に近付ける
  - 方位磁針に近付ける
  - 乾電池の向きを変える

- 一通り実験したのち，他のグループの結果をうかがいながら，納得のいかない実験は実験方法を見直したり，再実験したりする。
- 電磁石の性質について，結果を全体で共有して分かることをまとめる。

第3次（第5～8時）

- 「重い魚も釣りたい」という思いをもとに，どのようにしたらよいか，第4学年「電気のはたらき」の学習を想起させたり，電磁石の構成要素に着目させたりしながら，どのようにしたらよいか考えさせる。
- 電磁石の働きを大きくする方法について話し合い，条件制御の考え方を確認しながら，実験計画を立てる。電磁石の働きの大きさを比べる際には，数値で表すことができる方法にする。
- 「電流の強さを変えて調べる」と「導線の巻数を変えて調べる」の2つの方法で，電磁石の働きの大きさを調べる。他の方法は第4次の探究活動で行わせ，今回は学習指導要領内にある2つの実験を行わせる。
- 結果は，数値で表し，表やグラフで整理し，電磁石の働きの大きさについて分かることをまとめる。

第4次（第9～11時）

- 第1次で考えたゴールや子供たちの思いをもとに，ものづくり（おもちゃづくり）や，電磁石の性質や働きの大きさについて探究的に学習する。
- 探究したい活動ごとにグループを組み，個別に計画を立て，その計画をもとに実験・製作を行う。
- 教師は①計画の立案において，条件制御ができているか。②考察において，結果から科学的な視点で結論を導き出すことができているかを問い続ける。
- パフォーマンステストを実施し，自分たちが探究してきたものを，他のグループの人たちに伝え合い，子供同士で評価し合う。

第5次（第12時）

- 電流がつくる磁力について，単元全体をふり返り，学んだことをまとめる。
- ワークテストを行い，学習の定着度を測る。

6　実際の授業の様子

第1ステージ　ラーニング・マウンテンをつくる

(0) 事前の準備

　理科において，子供たちと共に「学びの文脈」を創っていくために最も大切になってくることは，教師による事前の準備である。本単元を迎えるに当たり大きく4つの準備を行った。

①子供たちの学びの確認

　3・4年生と物質・エネルギー領域においてどのような学習をしてきたのか，そして6年生へとどのような学びにつながっていくのかを確認した。

【理科における学びのつながり】
第3学年　電気の通り道・じしゃくのせいしつ
第4学年　電流のはたらき
第5学年　電流がうみ出す力
第6学年　電気の利用

②子供たちへのアンケート

　子供たちの既習事項の理解度を把握するために，朝学習の時間を利用して「3・4年生で『電気』の学習をしたことで覚えていることを短い言葉や絵を用いてたくさん書きましょう。」と，アンケートを実施した。

【3・4年生で学習した電気】
・電池には，マイナス，プラスがある。
・回路という言葉がある。
・プラスからマイナスに電気が通る。
・直列つなぎと並列つなぎがある。
・直列つなぎは，電気が強いが，長くもたない。
・並列つなぎは，電気が弱いが，長くもつ。
・検流計, 乾電池, 豆電球, 銅線, アルミホイルなど。
・車をつくった。
・電気が通るものとしては，鉄がある。

一人の子供のアンケート結果

　自然と子供たちが自分の覚えている経験と友達の覚えている経験を結び付けて考えている様子もあり，これまでの学習を想起するよい機会となった。

③教師用の教具の準備

　子供たちが自然と共通点や差異点に着目できるような教具を用意する必要がある。今回は，見た目は全く同じである2本のクレーンを用意した。しか

し，？ボックスの中では，乾電池が１つと２つつながっているものとに分かれている。この教具から，「どうして違いがあるのかな」「自分でも調べてみたい」などの思いをもたせようと考えた。

④子供用の教具の準備

　子供たちと事象との出合いを大切にしたかったため，導線を巻いた釣り竿を教師が作成した。こうすることで，子供たちに思う存分試行錯誤しながら電磁石に触れる時間を確保することができる。

(1) 自然事象との出合い

　？ボックスから出た２つのクレーンのスイッチを入れ，クリップを付けて見せた。片方は３つ付いたが，もう片方は７つほど付いた。子供たちは「なんでだろう。」「磁石みたい。」などと言っている。

　スイッチを切り，クリップが落ちると，また子供たちは「マジックだ。」「絶対箱の中に秘密がある。」などつぶやいている。「みなさんもやってみたいですか。」と聞くと，子供たちは「やりたい。」「秘密をあばいてみせる。」など意欲的な様子であった。この教具の名前を「電磁石」だと教え，本時はたくさん電磁石に触れながら，どのように単元の学習を進めていくか確認する時間にすることを子供と確認をした。

教師が「？ボックス」を提示

(2) 試行錯誤できる体験活動の時間の保障

　子供たちは各々乾電池をセットし，魚釣りを始めた。「小さい魚は釣れるけど，大きい魚は全然釣れない。」という発言を全体に広げていった。電池の向きを変えてみる子供や２人で釣りあげようとする子供もいた。この体験

に15分ほどかけ，子供たちの思いが醸成されるようにした。

(3) ラーニング・マウンテンを子供と共に創る

体験活動をもとに子供と共に単元の計画（ラーニング・マウンテン）を創っていく。

「魚釣りゲームをしてみて思ったことや疑問を発表しましょう。」と聞いた。子供たちの発言は，次のとおりである。

子どもたちが魚釣りゲームを体験中

ア　どうして付いたり離れたりするのかな。
イ　磁石みたいだけど磁石とは違うな。どんな違いがあるのかな。
ウ　もっと大きな魚を釣りたいな。どうすれば釣ることができるようになるのかな。
エ　電磁石の（働く）力を大きくすれば自分の作った魚も釣ることができそうだ。でも，どうすれば電磁石の（働く）力を大きくすることができるのかな。
オ　電磁石は身近などんなものに使われているのかな。
カ　電磁石を活用しておもちゃをつくってみたいな。
キ　電磁石を活用して普段使えるものをつくることはできないかな。

「みなさんの思いで，似ているものや合体できそうなものはありますか。」と発問した。子供たちは「ア・イ」「ウ・エ」「オ・カ・キ」の３つに分類した。私は，「ア・イ」は「電磁石の性質」，「ウ・エ」は「電磁石の働き」，「オ・カ・キ」は「電磁石の活用」と捉えることができそうだと「理科の言

第２章　「学びの文脈」を活用した各教科等の授業プラン　083

葉」を用いながら子供たちの分類を評価した。

「単元を通してどのようなことを解決していきたいですか。」と発問した。子供たちは，話合いの末，最終的に「電磁石の性質や働きはどのようになっているのだろうか」という考えになった。子供たちが体験を通して，単元を貫く問題を見いだすことができたのだ。

体験を通して見いだした問題を共有

「みなさんが疑問に思っていることが解決したらどのようなことをしてみたいですか」と聞くと，「強い電磁石を使ってもう一度魚釣りをしてみたい」「身近なものを調べてみたい」「電磁石を強くする方法をたくさん調べたい」などが挙がった。このことをゴールとして大まかに設定した。

なぜ，「大まかに」なのかというと，これから子供たちが問題を解決していくことで，新たなゴールを見付ける可能性があるため，ゴールを一つにしたり，明確にしすぎず，新たなゴールが生まれたりしてもいいようにした。

最後に，教師がこの単元で身に付けてほしい力を話した。子供たちが本時で考えたことと，これからの活動をイメージさせながら教師側の思いも伝え，ラーニング・マウンテンが完成した。

第2ステージ　ラーニング・マウンテンを活用する

(1) 学びを見通す

第2・5・9時の導入では，「今日はどのような学習をしたいですか。」と問うと，子供たちはラーニング・マウンテンを確認し，「何ができるようにならなければいけないのか」「何のために学ぶのか」を考えながら，自分たちで問題設定することができた。

ラーニング・マウンテンを共に創っているため短時間で問題を設定することができ，評価する場面や観察，実験の場面に時間を確保できる。

(2) 学びをふり返る

　学びのふり返りは，子供たち自身で学びを調整していく必要があるため，実験計画の立案の後，観察・実験の後，単位時間の終了後など細かく行った。ふり返りの視点は，以下の5つである。子供たち自身に選択させて行うこともあるが，評価規準に合わせて教師から視点を示すことが多い。

ラーニング・マウンテンを用いて
単元を見通す

ア	学習の見通し
イ	学習の理解度
ウ	学び方
エ	自己の変容
オ	学び方の調整

ふり返りの視点

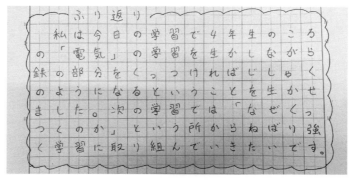

イとウの視点での子供のふり返り

第2章　「学びの文脈」を活用した各教科等の授業プラン　085

ラーニング・マウンテンに立ち返ったふり返りは，第4・8・11・12時のような大きな学習のまとまりの最後に行った。「今日まで学習したことを生かして，次の学びが行えそうですか。それとも他にみんなで確認したいことはありますか。」と問うことで，山を登っていくルートを全員で共有していく。本単元の場合は，はじめに決めたルートのまま進むことができたが，時には，少し遠回りをして，子供たちが新たに調べたいと考えたことを調べてから次の段階に進む場合や，個やグループによってルートが枝分かれすることも考えられる。

第3ステージ　ラーニング・マウンテンのゴールに立つ

本単元のラーニング・マウンテンの頂上は，第4次の「探究活動」にある。子供たちが第1次で思った「やりたいこと」，学習の途中で見いだした「さらに調べたいこと」を探究していくことになる。

今回は「導線の巻数や乾電池の数を変えて魚釣りをする」「導線の巻数をさらに増やして強力な電磁石をつくる」「今まで学習した以外に電磁石の働きを強くする方法を調べる」「身近に使われている電磁石を調べる」「電磁石を使ったおもちゃをつくる」の5つのグループに分かれた。

導線の巻数を増やしている子供

まず，グループごとに話し合って問題を設定した。「魚釣り」を選んだグループは，ただ復習しながら魚釣りをするのではなく，科学的な視点をもって魚釣りをするとはどういうことか時間をかけて問題を見いだした。そして，「魚の重さと導線の巻数」に着目して，どのような違いが出るのか調べていく問題を設定することができた。

次に，問題に対する予想とその根拠，実験計画を考えた。電磁石の強さを他の視点で調べるグループは，電磁石で変えることができる部分はないか観

察しながら，どのように実験すれば科学的に証明できるのか，予想と実験計画の小さなサイクルを何度も回していた。そのグループは，3つのことを調べることにし，グループを再編成するなど，自律的な姿が見られた。

第11時では，「パフォーマンステスト」を行い，これまで調べてきたことや行ってきたことを発表し合い，お互いの探究活動について子供たち同士で評価した。ロイロノート・スクールでお互いのグループの感想や評価を伝え合い，子供たちはその評価をもとに，自分の探究活動をふり返ることができた。

電流を大きくし大きな魚を釣る

7　授業を終えて

「学びの文脈」を子供と共に創る上で大切だったことは，"子供理解"と"教師の指導観"の転換であった。子供たちがこれまでどのような経験・学習をしてきているのか，単元の学習に対してどのような思いをもっているのかを考えたことで，学級経営の面でも土台となる子供理解が深まった。

また，教師の指示・発問中心の授業，一問一答の授業から，学習者中心の自律的に学ぶ授業へと変化させていくためには，教師の授業観・指導観を大きく変える必要があった。これからも，子供たちと一緒になって悩みながら道を探し，てっぺんを目指して一緒に登っていきたい。

（本宮勇希）

事例7 生活（第2学年）

試行錯誤を大切にした気付きの質の向上

Summary
生活における学びの文脈（ラーニング・マウンテン）の考え方

　生活科においては，具体的な活動や体験を通して，身近な生活に関わる見方・考え方を生かし，自立していくための資質・能力を育成することを目指している。生活科における「主体的・対話的で深い学び」を実現するためには，気付きの質を高めることが大切である。気付きの質を高める上で，子供と共に学びの文脈を常に意識していくことは有効である。

　生活科において，子供が自分自身の学びの文脈をデザインしていくとは，子供が自分の思いや願いの実現に向けて試行錯誤することである。そのために，「思いや願い」「見通し」「適切な環境」を大切にする。「思いや願い」とは，子供が学びを創り出していくためのエネルギーであり，魅力的な対象との出合いや「もっと試したい」と思える学習活動によって，より主体的な学びを実現していくことであると考える。「見通し」とは，学びの地図であり，何を，どのように解決していけばよいのか考えることで，「思いや願い」を実現するための方向付けをすることであると考える。「適切な環境」とは，学びを切り拓くための道具であり，子供たちが掲示や資料，身近な材料を活用することによって，問題を解決していくことであると考える。

　子供が自ら学びの文脈を現在の学びとつなげたり，ふり返ったりすることを通して，無自覚だった気付きが自分の中で明確な気付きとなるように，ラーニング・マウンテンを効果的に活用していく。

Case
単元名「もっとなかよし仁王たんけんたい」(東京書籍)

1　単元づくりのポイント

　1学期単元「とびだせ仁王たんけんたい」の学習では，学区探検を通して自分の地域には，様々な場所があり，働いている人がいることに気付くことができた。一方で，学習を通して分かったことをまとめた内容はお店のことに注目したものが多かった。そのため，子供たちはもっと地域の人と関わりを深めていきたいという思いをもっているが，働いている人の思いを考えたり，自分と地域の関わりに気付いたりしている子は少ない。これらの学びの文脈を生かし，本単元では，繰り返し地域の方と関わることを通して，自分と地域との関わりに気付かせるとともに，思いや願いを自らの方法で実現していく過程を通して，問題解決の能力を身に付けさせていきたい。

2　単元のねらいと概要

　「もっとなかよし仁王たんけんたい」の学習では，地域と関わる活動を通して，地域の場所やそこで生活したり働いたりしている人々について考え，自分たちの生活は様々な人や場所と関わっていることを理解し，それらに親しみや愛着をもち，適切に接したり安全に生活したりできるようにすることをねらいとしている。

　単元の学習では，再度探検に出かけ，地域のお店やそこで働く人々と関わる活動を中心に進めていく。地域の人々と関わる中で，自分たちの生活は様々な人や場所と関わっていることに気付かせ，地域のよさや自分たちが生活している人，場所への愛着をもつことができるようにしたい。

3　ラーニング・マウンテン

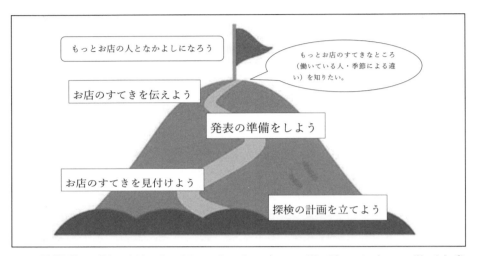

　1学期単元「とびだせ仁王たんけんたい」での学びとこれまでの学びを常にふり返ることができるようにすることで，子供は自分の実現したい思いや願いをもち続けながら探究活動をすることができると考える。

4　単元の評価規準

知識・技能	思考・判断・表現	主体的に学習に取り組む態度
・地域の人と関わる活動を通して，地域の場所やそこで働いている人と自分自身や生活との関わりに気付いている。　　(3)	・地域の人と関わる活動を通して，地域の場所やそこで生活したり働いたりしている人々と自分たちの生活との関わりについて考えている。　　(3)	・地域の人と関わる活動を通して，地域の場所や人に親しみや愛着をもち，適切に接したり，安全に生活したりしようとしている。

5 学びの文脈を創る単元イメージ（全12時間）

第1次（第1・2時）

「春のまちたんけんをふりかえろう」（第1時）
・春の町探検をふり返り，お店の人はどうしているかや季節による変化に着目して話し合ったりする。
・お店の人ともっと仲良くなり，知りたいことをカードに書く。
「まちたんけんの計画を立てよう」（第2時）
・グループごとに探検の計画を立てる。

第2次（第3～6時）

「まちたんけんをしよう」（第3・4時）
・探検に行き，地域の人の仕事を見せてもらったり，聞きたいことをインタビューしたりする。
「見付けた〇〇屋さんのすてきを話し合おう」（第5・6時）
・お店や働いている人の見付けたすてきや気付いたことをグループごとに話し合う。

第3次（第7～11時）

「〇〇屋さんのすてき発表会の準備をしよう」（第7～9時）
・見付けたことの中で伝えたいことを考える。
・伝えたいことに合わせて，「〇〇屋さんのすてき」をまとめる。
「〇〇屋さんのすてき発表会をしよう」（第10・11時）
・グループごとに，自分たちが調べたお店の魅力を紹介し合う。
・お世話になったお店の人に向けて，発表の動画を記録する。

第4次（第12時）

「まちのすてきをふりかえろう」（第12時）
・お世話になったお店の人にお手紙を書く。
・春と秋の町探検を通して，見付けた地域のよさをふり返る。

6 実際の授業の様子

第1ステージ これまでの学びの文脈をふり返る

　本単元「もっとなかよし仁王たんけんたい」は11月に設定されており、6月単元「とびだせ仁王たんけんたい」を想起させ、「もう一度お店の人に会いたい」「もっと地域のことを知りたい」と一人一人が思いをもつことが大切である。そのためにも、これまでの学びの文脈をふり返ることが必要である。

① 「たんけんたいカード」から振り返る

　これまでに、探検をして発見したことや考えたことを「たんけんたいカード」に記録してきた。カードはスケッチブックに貼り、ポートフォリオにすることでいつでも見返せるようにした。その時、自分はどのようなことを発見し、どのような気持ちになったのかふり返ることができる。「たんけんたいカード」の他に、付箋も活用することで、自分の気付きを蓄積できるようにした。

たんけんたいカード

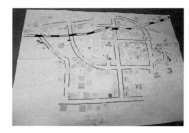

仁王マップ

② 「仁王マップ」からふり返る

　自分たちが探検をしてつくった「仁王マップ」をふり返ることで、「もっとマップに付け足したい」「お店の人についてあまり書いていない」などの気付きが生まれた。

　ふり返ることで、もう一度探検に行きたいという思いが生まれた。

③ お店の人との関わりからふり返る

「全校音楽集会に石材店さんも見に来ていましたね。」「八百屋さんが登下校するみなさんの安全を見守ってくれていますね。」「お店の人と関わりは続いているかな。」等の話題を教師から子供たちに投げかけた。
　子供たちからは，「ぼくのお母さんは探検で行ったサイクルショップで自転車を買っていたよ。すごく乗りやすいって言っていたから，中学生になったらぼくの自転車も買ってもらうんだ。」と嬉しそうに話す姿があった。
　その他にも，「休みの日は家族で探検で行ったラーメン屋さんに行くんだ。」と笑顔で語る子や「私がプレゼントした折り紙をお店の中に飾っていたのを見付けて嬉しい気持ちになりました。」など，お店の人とのエピソードがたくさんの子供たちから出された。探検で行ったお店の人に対して，「ぼく・わたしの〇〇さん」と親しみをもっている姿が見られた。自然と子供たちから「お店の人は元気にしているかな。」「お店の様子は春と違いがあるのかな。」などの発言が見られるようになり，思いや願いの高まりが感じられた。

第2ステージ　子供と共に学びの文脈を創る

　これまでの学びの文脈をふり返ることを通して，子供たちは「お店の人ともっと仲良くなりたい」という思いをもち始めた。子供たちの「〜したい」という思いや願いを確認しながら単元のゴールや活動内容を設定した。

(1) 問い返しをすることで気付きを促す

T　：もっと仲良くなるためにはどうすればよいかな。
C1：お店のことについてもっと詳しくなればいいと思います。
T　：どんなことが分かればよいのかな。
C1：仲良くだから，例えばお店の人のことについて。
C2：前の探検ではあまりお店の人については質問していないね。
T　：どのようなことを質問したいかな。
C2：お店の人はどうしていつも笑顔なのかな。
C1：どんな気持ちでパンをつくっているのかな。

　子供は言語化や表現することを通しても，気付きが自覚化されていく。教

師は子供が自ら気付くことができるように，気付きを促す声がけを大切にしていくことが大切である。

(2) 一人一人の思いや願いをつなぐ

お店へ2回目の探検に行き「お店のすてき（人・もの・こと）」を見付けた子供たちは，自分が見付けた中で一番伝えたい「お店のすてき」を決めた。その「お店のすてき」をおうちやお店の人に伝えたいという新たな思いが生まれた。学びの文脈のゴール「お店の人ともっと仲良くなる（より地域に親しみをもつ）」に向かって，活動内容が新たに加わった。

このように，学びの文脈は子供たちの思いや願いに寄り添いながら，共に創っていくことが大切である。

第3ステージ 学びの文脈をふり返る

(1) 学びの文脈の土台となる一人一人の思いや願い

学びの文脈には子供一人一人の「～したい」という思いや願いがあると考える。思いや願いがあるからこそ，自律的に探究活動を行う子供の姿がある。

①複線型の単元構成の工夫

子供が自らの思いや願いを実現させていくために，探検する場所を行ってみたい場所ごとのグループとして，目的意識を明確にもって探検ができるようにする。表現する時間では，自分と対象（地域）との関わりにおいて，思いや願いを実現していくにはどんな学習活動（新聞・劇化・ポスター・プレゼンテーション）を行えばよいのかを選択しながら学習できるようにしていく。

②「思い・願いシート」の活用

子供たちが自分の思いや願いにいつでも立ち返りながら活動することができるよう「思い・願いシート」を子供側と教師側で2種類作成した。

試しコーナーで確認

子供:お店グループごとの「思い・願いシート」

サイクルショップ	魚屋	せんべい店
春にむけて店に置く自転車の数を増やしている。春は自転車を買う人が多いから。また電動自転車が増えていた。子供づれのお母さんやお年寄りが使う人が増えている。	ほしてから食べるとおいしい。30種類もの包丁がある。魚の種類によって変えている。商品の置き場所の工夫。	季節によってせんべいの柄を変えている。お客さんに楽しんでほしい。笑顔がすてき。やさしい人。全員が工場を見られるように順番に見せてくれたから。
大変さ。自転車を直すこと。理由→部品を取り寄せること。種類が多く、探すのも大変。→お客さん	働いている時の気持ち。嬉しい,楽しい。理由→おいしいと思って再度お店に来てくれること。	どんな気持ちで働いているか。みんながおいしく食べてほしいという気持ちで働いている。
嬉しいこと。お客さんが来てくれること。仁王小学校のみんなにも使ってほしい。母もここで自転車を買った。(よかった。)	仁王小学校の子供をどう思っているか。自分の子供も仁王小学校に通っていた。わが子と同じくらいかわいい。●●さんが毎日手を振ってくれている。(登下校)	せんべいに金属が入っていないか検査する。手作業でふくろにつめている。
商品の置き方。似ているものから種類ごとに並べている。→お客さんが選びやすいように。(春も秋もお客さんのことを考えているのは変わらない。)	工夫。天井にポスターがあった。みんなに見てほしいから。	一日に3000枚もせんべいをつくっている。大変だけどお客さんのためにがんばることができる。

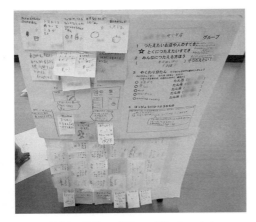

付箋には見付けた「お店のすてき」を書き，一番伝えたい事柄を上に貼っている。

教師：子供の「思い・願いシート」

③問題を解決するための思考を促す環境構成の工夫
■環境構成の具体（第3次「○○屋さんのすてき発表会の準備をしよう」）

・学びの足跡コーナー
　これまでの学習活動を写真や記録でふり返ることができるようにする。
・材料コーナー
　情報を発信するにあたり発表の材料を自由に選択できるようにする。
・試しコーナー
　表現方法を試し，試行錯誤することができるようにする。

学びの足跡コーナー

写真コーナー

　上記のコーナーは，お店チームごとの活動場所やコーナーの場所を子供が歩く動線を考えた意図的な配置にすることで，自然発生的対話が生まれるようにした。

(2) 学びをふり返る

　学びの文脈のゴール「今自分はどれだけお店の人と仲良くなっているのか」を意識しながら，ふり返りを行った。ふり返る時間を授業の最初と最後に設定したことで，前回の自分と比べてできるようになったことに気付いている子供の姿が見られた。

　継続的にふり返りを行っていく中で，個人内の気付きが集団で共有された気付きになること，一つ一つの気付きが関連付けられた気付きになること，個別の気付きが一般化された気付きになることなど，気付きの質の高まりへとつながっていく。

> 第4ステージ 　学びの文脈のゴールから

　学びの文脈のゴールでは，子供たちはお店グループごとに，自分の思いや願いを，相手意識（おうちやお店の人）をもちながら表現することができた。

　他のお店グループの発表を聞き，自分のお店と比べたり関連付けたりする

ことを通して，学びを深めることができた。

①まとめたことを発表

　学びの文脈を常にふり返り，継続して学習活動を行ってきたことで自分の思いや願いを実現することにつながった。

　花屋グループでは「バラの茎の棘を一つ一つ手作業で取っていることはお客さんへの思いやり」ということを具体物をつくって表現していた。

　せんべい屋グループでは，「せんべいのプリントしている絵柄が季節によって異なるのはお客さんに楽しんでほしいから」というお店の人の思いをクイズに表した。魚屋グループでは，一生懸命働くお店の人の姿に憧れの気持ちを抱き，お店の人になりきり役割演技を通して，お店の人の人柄や働く様子を表現するなど，全てのお店グループが伝えたい思いや願いを表出することができた。

クイズで発表

劇で発表

7　授業を終えて

　「これは何かな」「もっと楽しくできそう」「一緒にやってみたい」と生活科の学習は，身近な自然，社会など，身の回りのもの全てが学習対象となる。それらと関わり試行錯誤を繰り返すことを通して，気付きの質が高まっていくと考える。

　教師と子供が学びの文脈をもちながら，思いや願いを追求し続けることが学びにつながっていくと感じた。教師の存在そのものが子供の学びにとって重要な環境の一つであり続けるよう努めていく。

植物の芽を発見

（平野有華）

事例8 図画工作（第1学年）
作品の変容過程を重視した自己調整

Summary
図画工作における学びの文脈（ラーニング・マウンテン）の考え方

　図画工作科においては，子供たちが主体的に造形活動を判断・選択し，ふり返り，次の造形活動に向けて自己調整していくことが求められている。
　ICTが普及している現在，子供たちは，つくり終わった作品を撮影することはできつつあるが，「つくる」という造形活動に熱中するあまり，つくっている途中の作品をタブレット端末で撮影することは忘れてしまうことが多い。ICT活用は，自分の作品づくりをふり返る大切な方法であることは分かっていても，作品づくりに対する意識や作品そのものの変容を蓄積し続けるような図画工作科の指導は十分とは言えない。子供たちが自身の作品を撮影し，変容を記録することの有用性を感じられるように，ラーニング・マウンテンに写真を蓄積することを位置付けたい。ラーニング・マウンテンに作品の変容を撮影した写真が，山登りのルートをたどるように位置付けられていたら，自分の造形活動を客観的にふり返り，次時に向けて自己調整することができるのではないか。そのことで作品づくりに対する意識は高まっていくであろう。
　図画工作科では，ラーニング・マウンテンの山頂までの「過程」を重視し，作品の変容を記録していく中で，学びの過程を可視化し，自己調整をすることを大切にしていく。

Case
題材名「ならべて　みつけて」（開隆堂）

1　題材づくりのポイント

① 「造形遊び」であることを子供たちと確認し，「作品の完成」が題材のゴールではなく，「造形遊びをする中で，どんなことを身に付けたいか」ということを題材のゴールにすることを確認し，ラーニング・マウンテンを創る。
② 「並べる」という行為を，今までの生活経験や学習経験と結び付けて考えることで，子供の学びの文脈に沿った造形活動ができるようにする。
③ 子供たちが，ラーニング・マウンテンの中での自分の現在地を知り，自分たちで本時の課題を立てることができるようにしていく。
④ 友達と一緒に造形活動をしたり，友達の造形活動を写真でふり返ったりすることで，よさや美しさを感じ取り，自分の見方や感じ方を広げることができるようにする。

2　題材のねらいと概要

　この題材は，身近にあるたくさんのものの形や色から並べ方を考え，試す活動を通して，自分のイメージで並べ方を決め，工夫して表す題材である。
　「並べる」という行為は，幼稚園や保育園での遊び，小学校の算数の学習など，今までの経験の中で行われてきている。子供が自らの経験と造形活動をつないで，発想・構想をしたり，自分だけでなく友達の造形活動をふり返ったりして造形的な見方・考え方を広げていくことがねらいである。

3　ラーニング・マウンテン

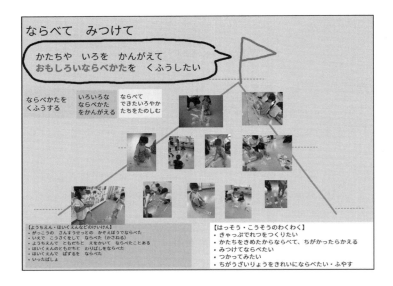

4　題材の評価規準

知識・技能	思考・判断・表現	主体的に学習に取り組む態度
〈知識〉いろいろな材料を並べたり組み合わせたりする活動を通して，形や色，並べ方の面白さに気付いている。 〈技能〉並べたり，組み合わせたりするなど，手や体全体の感覚を働かせ，活動を工夫してつくっている。	〈発想や構想〉いろいろな材料の形や色，大きさなどの特徴から並べ方を思いつき，どのように活動するか考えている。　(A(1)ア) 〈鑑賞〉いろいろな材料の形や色，大きさの並べ方やつなぎ方のよさや美しさを感じ取り，自分の見方や感じ方を広げている。(B(1)ア)	・いろいろな材料の形や色，大きさなどに関心をもち，好きな並べ方を見付ける活動に楽しく取り組もうとしている。

5　学びの文脈を創る題材イメージ（全2時間）

　子供たちが自身の経験をもとに造形活動を考え，ラーニング・マウンテンに自分や友達の造形活動を可視化し，ふり返り，自己調整しながら次の造形活動を考えることができるようにしていく。

第1時

- 題字から，子供たちにとって身近な材料を使って，「並べる」という造形活動を行う題材であることを知り，これからの造形活動に興味をもつことができるようにする。
- 「この題材に関わって経験したことがあること」を確認し，幼稚園や保育園，前題材まで習得してきたことを自覚する時間をつくる。
- 試しの造形活動を行う上での約束を確認する。
- 用意した材料を確認し，試行錯誤する時間をとる。
- 友達が並べているものを鑑賞することを通して，「並べる」という行為の意味を再確認し，自分の造形活動につなげていく。
- 試しの造形活動をふり返る中で，ラーニング・マウンテンのゴールの姿を子供と一緒に考える。
- 本題材のラーニング・マウンテンで身に付けさせたい資質・能力を学級全体で確認する。
- ラーニング・マウンテンに位置付けた自分の造形活動や友達の造形活動を写真でふり返り，その造形活動を選んだ理由を全体に共有する。
- 次時で並べたい材料について話し合う。
- ラーニング・マウンテンの自分たちの現在の位置を確認する。
- 自分の造形活動をふり返って発表したり，友達のふり返りを聞いたりして，次時はどのような材料を，どのように並べたいか，おおよその造形活動を考える。

第2時

- ラーニング・マウンテンを使って，ゴールの姿を再確認する。

・前時の造形活動を写真でふり返り，自分や友達がどのような造形活動をしていたのか思い出す。
・ラーニング・マウンテンを使って，自分たちの学びの現在地を改めて確認する。
・本時がこの題材の最後の学習時間であるため，学習の最後に，ゴールの姿になることができるように，本時はどのようなめあてを立てたらよいか考える。
・今までの経験をもとに，本時ではどのような造形活動ができそうか考える中で，発想・構想をしていく。
・造形活動を行う上での，約束を確認する。
・材料コーナーから，自分が使いたい材料を選び，並べる。
・教師は，造形活動をしている子供に「どうしてその並べ方にしたの。」「何からその並べ方を思い付いたの。」と問いかけを行ったり，「その並べ方は算数のブロックの並べ方に似ているね。」などと声かけをしたりすることで，自分の経験から造形活動を考え，行っていることを子供自身が自覚することができるようにしていく。
・自分の造形活動や友達の造形活動を写真でふり返り，その造形活動を選んだ理由を全体で確認する。
・ラーニング・マウンテンを用いて題材全体の造形活動の変容をふり返り，ゴールの姿にたどりつくことができたか確認する。
・自分の造形活動をふり返って感じたことや考えたことを発表したり，友達のふり返りを聞いたりして，本題材での自分の学びを想起し，できるようになったことや，もっとがんばりたいことを確認する。
・子供の発言や，教師の価値付けから，本題材で身に付いた力を再確認し，次の題材への意欲を高めていく。

6 実際の授業の様子

第1ステージ ラーニング・マウンテンを創る

(0) 事前の準備

子供たちと共に「学びの文脈」を創っていくために図画工作科において, 大切にしている3つの事前準備を行った。

①題字の作成

本題材でどのような材料を, どのように使うのか, 子供たちが見て想像することができるように, 題字を作成する際には, 実際に子供たちが使用する材料を並べた。

材料を使用してつくった題字

②材料コーナーの準備

子供たちにとって「身近な材料」と, 「身近ではないけれど, 興味をもつことができそうな材料」を用意した。学級の子供たち全員が不足なく造形活動をすることができるように, 可能な限りたくさんの量を用意した。

材料コーナーの様子

【準備したもの】

- ・ペットボトルキャップ　・割り箸　・色画用紙　・紙コップ
- ・トイレットペーパーの芯　・洗濯ばさみ　・プラスチックコップ
- ・ケーキカップ　・スチレンボード（細長い大きさに切ったもの）
- ・発泡スチロール製おわん　・発泡スチロール製緩衝材

③思いきり造形活動をする場の確保

　材料を並べるには，広いスペースが必要になる。教室だと，机や椅子があり，スペースが限られてしまうため，ホールを活用した。ホール中心部に材料コーナーがある以外は何もなく，子供たちが自分の材料を存分に並べることができるスペースを確保することを大切にした。

思いきり造形活動ができるようなホール

(1) 題材との出合い

　題材名が書かれた題字を子供たちと一緒に確認した後，「どのような材料が使われているでしょうか。」と聞くと，「割り箸を使っている。」「洗濯ばさみもあるよ。」「トイレットペーパーの芯も，ペットボトルキャップも並んでいるね。」という発言があった。

題字を使って行った題材との出合い

「これらの材料をどのように使うのでしょうか。」と聞くと，「字で『ならべて』って書いてあるから，いろいろなものを並べていくのかな。」「たくさんのペットボトルキャップを並べて面白い並べ方をするのではないかな。」という声が子供たちから多く出された。「まずは，材料を並べる『試し』の時間をとって，面白い並べ方をどんどん見付けていこう。」と，本時のめあてにふれながら，子供たちと学習内容を確認した。

(2) 試行錯誤し，これからの活動を見通す時間の保障

　用意した材料の紹介をすると，さっそく子供たちは材料コーナーに集まった。一つの材料をじっくりと見る子供，手で触った感触を確かめながら材料を選ぶ子供，はじめから材料を決めたくさん持っていく子供など，材料選びの様々な姿が見られた。

触りながら，材料を選ぶ子供たち

窓際にペットボトルキャップを並べる子供

スチレンボードを三角に並べようとする子供

材料を組み合わせて，並べる子供

多くの洗濯ばさみを並べることができて喜ぶ子供

第2章　「学びの文脈」を活用した各教科等の授業プラン　107

(3) ラーニング・マウンテンを子供と共に創る

　試しの造形活動をもとに，子供たちと題材の計画（ラーニング・マウンテン）を創っていった。

　「今まで『並べる』ことについて，どのような経験をしてきましたか。」と聞いた。子供たちの発言は，次のとおりである。「算数の学習で，おはじきを並べた」「家で工作をして，完成した作品を並べたことがある」「保育園で，友達と割り箸を並べたことがある」「幼稚園で，お友達と一緒に描いた絵を並べたことがある」「パズルを並べたことがある」。子供たちなりに，今までの経験と結び付けながら「並べる」という行為について考えることができていた。

　「今まで，経験してきたことから，どんな面白い並べ方をしてみたいですか。」と発問した。子供たちからは「ペットボトルキャップで長い列をつくりたい」「割り箸で前に家の近くで見た線路をつくってみたい」と，発想・構想を発言する姿が見られた。

　「この題材の山のてっぺんは，どうしますか。」と発問した。

　子供たちとの話合いの末，最終的に「形や色を考えて，面白い並べ方を工夫したい」という考えになった。子供たちは試しの造形活動を通して，題材の山頂の姿を決めることができた。

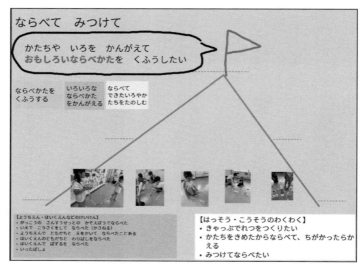

第1時に子供たちと考えたゴール

最後に，教師がこの題材で身に付けてほしい力を話した。教師側の思いも伝え，ラーニング・マウンテンが完成した。

第2ステージ ラーニング・マウンテンを活用する
(1) 学びを見通す
　第2時の導入では，ゴールの姿を再確認した後，「山のてっぺんにたどりつくために，今日はどのようなめあてを立てたいですか。」と問うと，子供たちは，「昨日より，もっと違う並べ方をしたい」「今日は山のてっぺんに行くから，もうちょっと面白く並べたい」と，自分たちで課題を考えることができた。

山のてっぺん（ゴール）を導入で再確認する

今日のめあての案を発表する子供

(2) 並べる造形活動の時間を十分に保障する
　子供たちは「もっと面白い並べ方を見付ける」という課題のもと，造形活動を行った。前時と同じ材料を再び使う子供，新しい材料をさっそく並べる子供，友達に声をかけながら一緒に活動する子供，様々な子供の姿が見られた。どの子供も，つくったり，つくりかえたりしながらも造形活動に没頭していた。これは，自分たちのゴールが明確に分かり，自分なりの造形活動の道筋ができたからなのではないかと考えた。

第2章 「学びの文脈」を活用した各教科等の授業プラン　109

自分の発想・構想をもとに，選んだ材料を並べている子供

第3ステージ　ラーニング・マウンテンのゴールに立つ

　造形活動を終えた子供たちを集め，ラーニング・マウンテンに位置付けた友達の造形活動を撮影した写真を紹介した。その際に，自分の並べ方を発表する場面を設定した。

　「どうしてこの並べ方にしたのですか。」と問うと，「お祭りの神輿を思い出しておわんやトイレットペーパーの芯を並べた。あと，人がたくさんいるのを洗濯ばさみをたくさん並べて表した。」と発言する子供がいた。子供たちなりの「面白い並べ方」とは「規則的に多く並んでいるもの」だけでなく，「今までの経験を思い出し，それを表現するために材料をその時の光景を再現するように並べたもの」などもあるのだなと気付かされた。

自分がつくったものを熱心に友達に説明する子供

7　授業を終えて

　作品の変容を蓄積することによって，子供たちは造形活動をふり返り，友達の行っていた造形活動を思い出し挑戦する姿，今までの経験から新しい発想を思い付き表現する姿が見られた。自分なりに自己調整しながら造形活動をする姿が，学びの文脈を子供と共に創る中でたくさん見られた。

　「学びの文脈」を子供と共に創る中で感じたことがある。それは「学びの文脈は，教師が想像しているよりも脈々と続いており，幅が広い」ということである。一瞬でも見聞きしたり，体験したりしたことの全てが，子供たちの学びの文脈を創っていく。そして，小学1年生という発達段階にとって欠かせない学びの文脈は「幼稚園・保育園の時の経験」である。幼稚園や保育園で行ってきた経験を子供たちは昨日のように話すことができる。これは，そのような経験を何度も行ってきたから，ということもあるが，やはりその根底には「楽しかった」という思いがあるからこそではないかと感じた。

　このような幼稚園や保育園での経験を，教師が子供との対話の中で聞き，授業づくりにうまく取り込むことこそが，子供の学びの文脈を大切にしていくことだと考える。「6年間」という枠組みで子供の文脈を捉えるのではなく，幼少期から脈々と続く子供たちの経験を大切にしながら授業をつくっていく必要があると感じた。また，図画工作科におけるラーニング・マウンテンを今回提案したが，「みんなで山頂を目指したい題材」であれば，学級全体のラーニング・マウンテンを創っていくのもよいだろう。

　しかし，図画工作科のラーニング・マウンテンは，一人一人の山として考えることもできる。子供たちによって標高が異なる山の頂に向かって，自分なりのルートを見付ける面白さが図画工作科にはある。子供一人一人が自分なりのラーニング・マウンテンを描き，自分だけの登山口から，試行錯誤を繰り返し，自分が満足するような山頂にたどりつくことこそが，これからの図画工作科に求められていることなのではないかと考える。

　　　　　　　　　　　　　　　　　　　　　　　　（コクレーン愛）

事例9　外国語活動（第4学年）
「fun」から「interesting」な学びを創る

Summary
外国語活動における学びの文脈（ラーニング・マウンテン）の考え方

　外国語活動でも，英語を用いて互いの考えや気持ちを伝え合う言語活動を通して学びを深めていくことが大切である。中学年の子供たちのもっている語彙や表現は限定的であるが，身近な相手意識が芽生えることを大切にし，表情やジェスチャーなどの非言語的要素も表現の工夫の一つとして自己表現や相手を理解することの楽しさを味わわせたい。コミュニケーションの素地づくりが目標である外国語活動では，もてる知識や技能を総動員し，自分のことをよりよく伝えようと工夫しながら表現豊かに言語活動を行う楽しさを純粋に堪能できる。同時に，日本語や英語を含む多様な言語や文化など，異文化理解の素地づくりも一緒に行えるのも外国語活動の特権である。これまでの外国語活動は，言語材料に言い慣れるためのリピートやゲーム的要素の強い練習活動のみを多く行う授業構成が多かったが，これからは「fun」の要素だけでなく，遊び心ももちつつ，「interesting」な学びの過程に教師が伴走していくことも重要である。慣れ親しみをねらう中学年において，ラーニング・マウンテンを活用して学習を進めていくことは，子供たちのやってみたいことを取り入れ，楽しく山の頂上に向かうことが可能となる。中学年の子供たちのクリエイティブな学びのアイデアを引き出し，授業のエッセンスとして取り入れていくことで，「学びの文脈」を子供たち自身が創り上げていくことが実現される。

Case
単元名「I like Mondays」・「What time is it?」(Let's Try! 2)

1　単元づくりのポイント

①Unit 3 と Unit 4 を複合単元として構成する。単元計画(ラーニング・マウンテン(以下 LM と記載))を作成するに当たり，前単元終了時に，子供たちに，次単元では，好きな曜日や理由を伝え合うことを捉えさせる。話題を伝え合う価値を子供たちから引き出してから LM を作成する。

②作成した LM をもとに，"本単元で身に付けてほしいこと(資質・能力)"を子供と共有する。これまでの学習経験を踏まえて，自分のめあて(なりたい自分像)は，子供たち一人一人が立てる。

③毎時間の学習開始時には，LM で学習の進捗状況を確認し，授業では子供の「やってみたい活動」を取り入れ，授業プランを子供と共創する。

④一枚ポートフォリオとして LM にふり返りを記述し，単元終了後は，単元全体のふり返りとして，書き溜めてきたふり返りを読み直し，自己の変容や学び方の方法等のふり返りを行い次の単元につなげる。

2　単元のねらいと概要

Unit 3 の話題は「自分の好きな曜日と理由」で，Unit 4 は「自分の好きな時間」である。これらの話題について，尋ねたり答えたりして互いのことを伝え合う活動が言語活動の中心となる。本実践では，「クラスの好みを知るために，好きな曜日や時間を伝え合い，もっと仲良くなろう」という単元目標を子供と共に創った。ジェスチャーも駆使して，やり取りを通して，身近な相手の意外な一面を知る楽しさを実感してほしいという願いを込めた単元である。話題を自分ごと化し，自分らしく伝えよう，相手に分かりやすく伝えよう，いろいろな人に伝えようとする姿を励ますことが肝である。

3　ラーニング・マウンテン

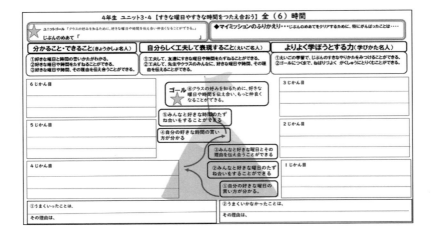

4　単元の評価規準　「話すこと［やり取り］」

知識・技能	思考・判断・表現	主体的に学習に取り組む態度
《知識・技能》 ・世界の同年代の子供たちの生活を知るとともに，曜日の言い方や曜日を尋ねたり答えたりする表現に慣れ親しんでいる。 ((1)イ(ア)) ・世界の国や地域によって時刻が異なることに気付くとともに，時刻や生活時間の言い方や尋ね方に慣れ親しんでいる。 ((1)イ(イ))	クラスの好みを知って，もっと仲良くなるために ・自分の好きな曜日について，尋ねたり答えたりして伝え合っている。 ((2)イ) ・自分の好きな時間について，尋ねたり答えたりして伝え合っている。 ((2)イ)	・相手に配慮しながら，自分の好きな曜日を伝え合おうとしている。 ・相手に配慮しながら，自分の好きな時間について伝え合おうとしている。

5　学びの文脈を創る単元イメージ（全6時間）

　ラーニング・マウンテンを用いながら「学びの文脈」の可視化を図り，単元の目標や学習内容（スタートからゴールまで），評価の方向，単元で身に付けたい力を子供と確認できるようにしていく。

第1次（第1〜3時（丸数字は単位時間））

①チャンツを聞き，単元の話題の中心になることを捉える。話題を生かしてどんなことを伝え合いたいかというイメージをもたせる。子供の「面白そう！」「やってみたい！」という意欲を引き出す。

①単元末のゴールの活動と目的を共有する。その後，一人一人が自分のめあて（なりたい自分）を立てる。単元途中のやり取りの様子やゴールの活動の様子でよいところを教師が記録し，総括的評価を行うことを共有する。

①チャンツを視聴し，チャンツに隠されているひみつ（英語の音）を楽しく捉える。曜日の言い方に慣れ親しみ，好きな曜日を伝え合う。

②クラスのオリジナル Day ソングを作成する。最後は学年 Day ソングに仕上げ，曜日の言い方に慣れ親しむ。好きな曜日とその理由を伝え合う。

③世界の同年代の子供たちの生活を知る動画を視聴し，好きな曜日の理由などから，自分との共通点を見付けたり，自分とは異なる生活の様子を知ったりして異文化理解を深める。思いをもって好きな曜日とその理由を伝え合う。

第2次（第4・5時（丸数字は単位時間））

④複合単元の2つ目の単元導入である。話題が，好きな（生活）時間へと変わることを Teacher's Talk で捉える。

④時差について知るために，地球儀と英語の絵本を活用して読み聞かせを行い世界がつながっているイメージを捉えることができるようにする。

④七夕前の日本の行事を生かし，七夕の願いごととして「平和ことば」「幸せことば」をローマ字で書く。作品は校内と広島県の交流校へ掲示される。

④意味を捉えることができるようにジェスチャーを考えて，チャンツで言語

材料に慣れ親しんでいく。また，練習で終わらず，友達とのやり取りを通して，好きな（生活）時間を言うことができるようにする。
⑤授業者が作成した音声付きデジタル絵カードを活用して，個別で好きな（生活）時間を言う練習ができるように準備する。互いの好きな（生活）時間について尋ね合い，伝え合うことができるようにする。
⑤第5時は，LMで「好きな（生活）時間が同じ友達がクラスに何名いるか調べてみよう」というやり取りのめあてを確認する。尋ね合うためには質問や相手の返答に対する反応，分かりやすく伝えようとする工夫が必要となり思考を働かせたやり取りになるようにする。
⑤好きな（生活）時間が同じでも異なっていても，それぞれが嬉しい気持ちや楽しい気持ちで幸せに過ごしている時間があることの大切さに気付き仲間を大切にする気持ちを育むようにする。
⑤いろいろな人の好きな曜日や時間などを知ってみたいという願いに応え，他県の大学生と英語でのオンライン交流会を行う。
⑤学習で「うまくいったこと・まだうまくいかなかったこと／その理由／次にどう生かしたいか」の視点でふり返りを行う。

　　　　　　　第3次（第6時（丸数字は単位時間））
⑥「クラスの好みを知るために，好きな曜日や（生活）時間とその理由を伝え合いもっと仲良くなろう」という場面をパフォーマンス・テスト（ゴールの活動）として設定し，やり取りを行う。
⑥相手意識や目的意識をもって，やり取りをしている様子から伝わってきた「仲良くなるための工夫」を見付け，称賛する。また，手本となるペアを数組紹介し価値付けを行うコメントを伝える。
⑥やり取りだけでは，「クラスみんなのこと」を知ることができない。録音や動画撮影をして視聴し合えば解決できることを引き出し，挑戦させる。
⑥伝え合う目的を意識して，自分が一番伝えたい話題を選択し録音を行う。全体視聴や個人視聴を行うが，全体の前で発表する機会も設ける。
⑥単元全体のふり返りの記述内容を見直して，自分のめあてと学び方で，

「うまくいったこと・まだうまくいかなかったこと／その理由／次にどう生かしたいか」の視点で単元全体をふり返り，次の単元の目標をもたせる。

6　実際の授業の様子

第1ステージ　ラーニング・マウンテンを創り，登り始める
(0) 事前の準備
　外国語活動は，週に1時間の学習である。また，暗記を目指すのではなく，活動を通して言語活動に慣れ親しませる工夫が大切である。このことから，学びの連続性を子供自身が体感し続けることが大切である。教師による事前の準備として，大きく次の3つを行った。
①前単元での学習をふり返り，子供から単元末のゴールを引き出す。
　学習方法を子供と一緒にふり返り，友達と何度も伝え合う過程で伝え合うことが上手になっていることに気付くようにする。
②自分の本当のことを伝え合うことの大切さを共通認識する。
　Teacher's Talk や教材の目次を参照し，話題を捉えたら，「この話題を通して，誰に（と），伝え合いをしたら，どうなりそうか」を子供と対話する。そうすることで，単元のゴールのイメージと目的をもたせやすくする。
③LM で単元計画表とふり返りを一枚ポートフォリオ化する。
　音声中心かつ活動中心で学習が進められる外国語活動は，特に，子供の「学びの足跡」が残りにくい。しかし，ふり返りを内容面（エピソード）と言語面（活用状況や気付き）だけでなく，学習方法を自覚化させるために，「学び方でうまくいった・いかなかった理由／次はどうしたいか」の視点も与えてふり返りを行わせる。紙媒体での一枚ポートフォリオとなった LM に書き溜めていくことで単元終了後には学びの足跡が実感できる。
(1) 話題との出合い～Teacher's Talk で楽しく話題を導入する～
　中学年の発達段階の子供たちは，実際に活動を行うことで学びを深める。そこで，教師の英語による Teacher's Talk は，子供たちにとって聞きがい

があり，短く分かりやすいものがよい。また，適宜，問いかけるなどして飽きないように話すことが大事である。4年生の子供たちに伝わる表現を用いて対話することが重要である。

Teacher's Talk ～What day do you like?～
T：はいたい！ Hello! It's Monday. I like Mondays. Do you like Mondays? Yes? No?
T：I heard "No." many times. That's OK. What day do you like?
クラス：金曜日！　でもなんて言うの？／水曜日，英語でなんて言うのか分からないな。
T：Nice questions. Let's listen to this chant. (Let's Try!2のチャンツを視聴する。)
S：金曜日は Friday fish. Monday マッシュルームって面白いね。
T：Let's find the secret points. Why Monday is mushroom? Why Friday is fish? What day do you like? ○○さん？ What is Wednesday's food?（数名とやり取りする。）
S：（再度視聴し，子供たちはイニシャルとはじめの音が関係あるものが多いと気付く。）
T：OK. Let's sing together. （曜日の言い慣れをはかる。）
T：I like Mondays. What day do you like?
S：I like Wednesday.
T：Let's talk to your friends! （好きな曜日を伝え合うやり取りを行う。）

Teacher's Talkの囲み部分は，実際に子供に問いかけている個所である。子供たちへの質問は，はじめはYes／Noクエスチョン型にし，安心して会話に巻き込めるようにする。教師の発話の基準は，「①単元の話題に興味がわくように②短く分かりやすくやり取りに巻き込みながら」という点を大切にしている。このように，簡単な英語を用いて話題を提示することで今後の学習における意欲と自分の伝えたいことなど目標が生まれる。

(2) ゆるやかな山を，週に１時間だけ遊びながら共に登る

前単元の終了後に，子供たちには，チャンツを聞かせたり教材の目次を参照したりし，話題を捉えさせた。すると，2つの単元をつなげて学習していくと話題が選べて楽しそうだと思い付いた。2つの単元を複合的に学習する

ことが可能なことは，前単元での学習経験によるものである。
　Teacher's Talk 後に「どんな話題で学習をしていくのかな？」と聞くと，子供から次の反応があった。

ア	曜日の歌を歌うんだね。楽しそう。
イ	目次には，好きな曜日を伝えようって書いてあるよ。早く言いたい。
ウ	同じ（生活）時間が好きな友達がいたら，面白いな。

　次に，「単元のゴールはどんな活動をしてみたいですか？」と発問した。
　子供たちは，「みんなに人気があるのは何曜日か，どんなことをしている時か知りたい。」と答えた。そこで，「みんなに人気の曜日や好きな（生活）時間を知るとどんないいことがあるの？」と問い返すと，「クラスの好みが分かったら，好きなことが増えて楽しくなりそう」という意見が出て，子供たちが合意した。
　学びのゴールイメージを引き出し，作成したら紙媒体のLMを配付する。ユニットゴールと学習過程，身に付けてほしいことを確認してから，「自分のめあて（なりたい自分）として，山の頂上ではどんな自分になりたいですか？」と問い，LMに，それぞれの「自分のめあて」を記入させた。

それぞれのなりたい自分を記入した「自分のめあて」

(3) 話題の自分ごと化で世界が広がる～自分＜友達＜クラス＜学年～

　外国語活動は身近で簡単な事柄が話題である。だからこそ，子供たちは，自分の本当のことを伝えたがる。その伝えたい思いに突き動かされて，もっと上手に伝えたいと思うようになる。単元初期は，口頭練習も必要である。
　その際チャンツ活用は有効である。本単元ではLet's Try! 2にあるチャン

ツを聞き，曜日と食べ物の言い方の関連性に気付いた。教材のチャンツの特徴を生かして，自分たちの学級の好きな内容にカスタマイズした。各クラスのチャンツを一覧にし，学年チャンツとして歌えば，大盛り上がりで歌い自分たちで楽しみながら学ぶことが可能となる。

クラスの Day ソングが学年 Day ソングになり喜ぶ様子

第2ステージ　ラーニング・マウンテン（LM）を活用する

(1) 学びを見通し・確認し，自分ごととして捉えたら学びが広がる

第4時の黒板

黒板には，毎時間子供と同じ LM を掲示する。毎回，授業のはじまりに，「今日のめあては何かな？」と問えば，自分たちで LM 内の単元計画を参照し，めあてを確認する習慣が身に付く。次に，「今日のめあてを達成するためにはどんなことにたくさん時間を使った方がいいかな？」と問う。

このように少しずつ子供たちと授業の流れを組み立てる。本時は，地球儀

や時差についての読み聞かせを通して異文化理解を深めた。また、世界の子供たちの生活の様子を知り、自分の好きな生活時間を伝えたくなった。本時の学習から、世界の平和を願って七夕の短冊にローマ字で「平和ことば」を書いた。3年生から6年生までの子供たちで作成した掲示物は、校内と広島県の交流先小学校に8月まで掲示される。思いを発信することの大切さを知る機会となった。

4年生児童が書いた短冊

広島県の大塚小学校に送った掲示物

(2) 教室の壁を越えて伝えたい！　知りたい！

　子供たちは、第5時に英語絵本の読み聞かせを聞き、おおかみさんの好きな生活時間を知った。「自分は、おおかみさんに似ていた・違った」と共通点や相違点を楽しみながら、「クラスの中のMe,too.フレンズを見付けよう」というめあてでやり取りを行った。自分の好きな生活時間と同じ友達がいるか探した。

　その日の昼休みには、岐阜県の大学生と英会話交流会を行い、Me,too.フレンズを探した。初めてのオンライン交流会だったが、相手を知る楽しさ、自分のことが伝わる喜びを味わうことができた。教室の壁を越えて、画面の向こうの大学生と互いのことを伝え合い、仲良くなれたことから、言葉でつながり合う喜びと大切さを実感していた。

 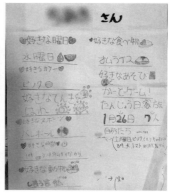

英語でインタビューする様子　　　インタビュー後のポスター

第3ステージ　ラーニング・マウンテンのゴールに立つ
■「自分たちならでは」の山登りができたという充実感

　第6時には、山の頂上に立つ。ゴール活動のめあては、「クラスの好みを知るために、好きな曜日や時間を伝え合い、もっと仲良くなろう」である。めあて確認後に、「クラスのみんなと伝え合うって時間的に無理なんじゃないか？」「みんなのことが知りたいな」、そんな問いが生まれた。

　その問いから、「はじめはやり取

好きな生活時間を発表する子供

りで伝え合い、最後は音声を録音してクラスのみんなのものを聞けるようにしよう」ということになった。ジェスチャーを用いながらやり取りをし、音声を吹き込んだカードをつなげて聞き合う時間を設けた。また、その場で言いたい子もおり、子供たちのよさが引き立つ多様な伝え方が実現され、一人一人の思いがつまった伝え合いが達成された。

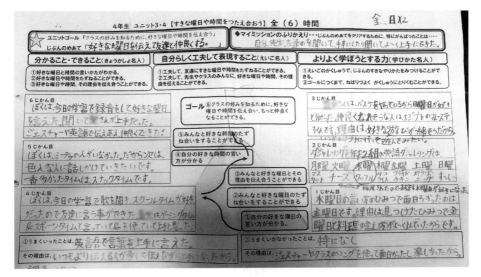

一枚ポートフォリオとなったLM

　単元の最後には，自分に効果があった学び方をふり返っている。話題を自分ごと化し，友達に伝えながら学んだ過程から，伝え合う対象がどんどん広がり，学びの文脈が豊かになった。この経験は，「次も自分らしく楽しみながら山登りができる！」という自己効力感につながっていると確信している。

7　授業を終えて

　子供たち自身が「学びの文脈」の主体者になるには，子供たち自身が学びを自分ごとと捉え，授業に参画する機会を増やしていくことだ。子供たちの「やってみたい」を大切にして，学習プランを共創し，学びの願いを実現させていく。大人から見たら，ゆるやかな丘のようであっても侮ることなかれ。そこには「コミュニケーションの素地」という今後の人生の基盤となる宝が敷き詰められている。学びの文脈を自分たちで広げていくたくましさにしっかり伴走したい。

　　　　　　　　　　　　　　　　　　　　　　　　　　　　（奥平明香）

> **事例10** 外国語（第6学年）
単元全体を通したマイ・ミッションの持続

Summary
外国語における学びの文脈（ラーニング・マウンテン）の考え方

　外国語科では，英語を用いて互いの考えや気持ちを伝え合う言語活動を通して学びを深めていくことが求められている。従来は，教科書の言語材料を取り扱った練習活動が中心で，まとまった言語活動は単元末で多少行う程度の教師主導の授業構成が多かった。今後は，教師が登山のSherpa（案内人）となり，学習者の学びへの思いや願いに寄り添って共に授業を創るという理念を重視したい。ラーニング・マウンテンを活用した学習展開は，子供たちが単元末のゴールの姿に描く"なりたい自分"を意識しながら，一人一人の学びの文脈を子供たち自身によって最適になるよう創り上げていく上で有効である。そこに，単元を通したマイ・ミッションの持続化を図りたい。

　稿者が外国語教育において大切にしていることは，子供たち，そして教師自身も，「自分らしさを大切に表現する」ということである。自己を肯定し他者との交流によって，新しい自己を発見していく。そうすることで，自他を認め合う学習集団が形成される。相手を知る目的での言語活動を軸とし，本当の考えや気持ちを伝え合う言語活動の充実を図っている。教師は，子供たち自身がコミュニケーションにおける見方・考え方を働かせながら，英語を介して自他を知り，深め合える喜びを味わい続けることができるよう一緒に試行錯誤し伴走する。大切な自分のことを表現するのにふさわしい英語という言葉の学びの文脈を子供と共に創っている。

Case
単元名「Junior High School Life」（光村図書，令和2年版）

1　単元づくりのポイント

①前単元の単元末のふり返りをもとに，本単元でも追究し続けたいことを明確にしながら，単元計画（ラーニング・マウンテン（以下LMと記載する））を子供と教師で作成する。
②作成したLMをもとに，"本単元で身に付けてほしいこと（資質・能力）"を子供と共有する。
③毎時間の学習開始時には，LMで学習の進捗状況を確認する。
④教師と子供で対話を通して毎時間の授業の流れについて共創する。
　毎授業の中で，子供たちの学習調整の時間を子供が設定する。
⑤毎授業後には，Can-Do評価尺度による自己評価，記述式のふり返りと音声記録を行い，デジタル版LMにe-portfolioとして蓄積する。
⑥単元終了後は，単元全体のふり返りとして蓄積してきた音声記録等を聞き返し，自己の変容や学び方の方法等をふり返り，次単元につなげる。

2　単元のねらいと概要

　本単元の話題は「中学校生活・部活動」である。単元目標は，「中学校でがんばりたいことを，整理して伝えることができる」がねらいである。子供たちと作成した単元末のゴールである「クラスの友達が中学校でがんばりたいことを知り，応援するために」という意図，場面や状況を踏まえて，自分の考えや気持ちを伝えるために，必要となる語句や基本的な表現を用いて内容を整理しながら話すことができるようにする。伝え合う場面や状況により，伝え方に変化が表れる点を見取ることも大切となる。

3 ラーニング・マウンテン

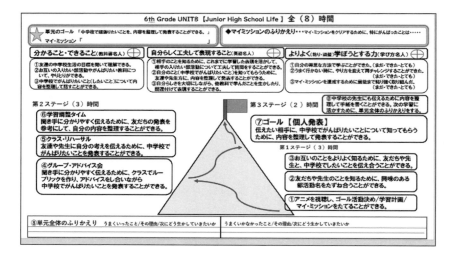

4 単元の評価規準 「話すこと［発表］」

知識・技能	思考・判断・表現	主体的に学習に取り組む態度
《知識》 ・I want to join …. などの表現や既習表現について理解している（聞くこと）。((1)エ(ア)) 《技能》 ・中学校生活について，I want to join/study …. などの表現を用いて，入りたい部活動やがんばりたいことを伝える技能を身に付けている。 ((1)エ(ア))	・伝えたい相手に，自分の考えや気持ちを伝えるために，中学校でがんばりたいことなどについて，簡単な語句や基本的な表現を用いて，内容を整理して発表している。 ((2)ア)	・伝えたい相手に，自分の考えや気持ちを伝えるために，中学校でがんばりたいことなどについて，簡単な語句や基本的な表現を用いて，内容を整理して発表しようとしている。

5　学びの文脈を創る単元イメージ（全8時間）

　ラーニング・マウンテンを用いながら「学びの文脈」の可視化を図り，単元の目標や学習内容（スタートからゴールまで），評価の方向，単元で身に付けたい力を子供と確認できるようにしていく。

第1次（第1～3時（丸数字は単位時間））

①デジタル教科書で，単元のトピックを捉えるためのアニメーションを視聴する（全体）。話題になっている概要を捉える機会とする。

①学習者用デジタル教科書を活用し，個人やペアで15分程視聴する。話題の特徴を生かした単元末のゴールの活動はどんなことをしたいかをイメージさせ子供の「やってみたい」を引き出し，単元末のゴールの活動と目的を設定する。一人一人がマイ・ミッション（なりたい自分像）を立てる。

①設定した単元末のゴールの活動で総括的な評価を行うことを共有する。

①設定したゴールの活動に基づき，単元計画を教師と子供で対話しながら逆向きに設計していく。

②授業はじまりのSmall Talkで，I want to join .... の表現と部活動名の言い方を導入する。

②子供の発話に応じて"Good luck!"や"You can do it!"など，励ます表現を活用し，聞き慣れることから自然な発話につながる過程を大切にする。

②中学校の英語教師と連携し，実在する部活動を書いた英語の手紙を用意する。英語の文字を推測しながら読むことに慣れ親しむ活動を一緒に行う。

②教師や友達と，入ってみたい，興味のある部活動についてやり取りを行う。興味はあるが，入部未定の子供（I'm interested in ....），部活動に入りたくない子（I don't want to join ....），考え中の子（I'm thinking now.）の表現などを導入する。単元はじめから言語活動を行うことを大切にする視点から，自分の本当のことを伝え合う機会を大切にする。

③I want to study .... の表現を使って，中学校でがんばりたい教科やその理由などについてやり取りを行う。教師は，励ましの言葉を与える。

> ・友達の中学校でがんばりたいことや，やってみたいことを知れると応援したくなったり，自分も一緒にがんばろうと思えたりしそうだから，これまで支え合ってきた友達にしっかり伝えたいな。
> ・小学校生活を支えてくれた先生や，おうちの人にも伝えたいな。端末で撮影してQRコード化すれば，家族にも見てもらえるし，中学生になっても自分でも見返すことができるから，家族や未来の自分に伝えたいな。
> ・進学する○○中学校のことが知りたいし，中学校の先生にも伝えたい。

単元のゴールの活動と目的を設定する際の子供の声

第2次（第4〜6時（丸数字は単位時間））

④授業はじまりのSmall Talkで，「中学校でがんばりたいこと」についてやり取りを行わせ，本単元で学ぶべき言語材料に慣れ親しんできたことを確認する。この単元で学んだことを想起させ，クラスでルーブリックをつくる。

④4〜5名のグループになり，一人ずつやり取り型の発表を行う。改善アドバイスはクラス・ルーブリックをもとに行うことで，内容面へのアドバイスが充実する。各自マイ・ミッションを再確認し，クラス・ルーブリックをマイ・ルーブリックへとカスタマイズするよう教師が提案する。

⑤授業はじまりにクラス・ルーブリックやマイ・ルーブリックを確認させ，ペア発表を行わせる。発表内容をイメージさせるためである。

⑤場に慣れるために，クラス全体の前で発表に挑戦させる。クラスの友達の発表をじっくり聞き，内容面のよさに気付くよう促す。

⑥マイ・ミッションを確認し，「誰のために・何のために，この発表を行うのか」について再考させる。膨らんできた発表内容の整理を行う。

⑥音声や動画を撮影し，教師に提出する。教師は，全員に端末を活用してアドバイス・カードを送り，個別での中間指導を行う。

第3次（第7・8時（丸数字は単位時間））

⑦パフォーマンス・テスト（ゴールの活動）として「中学校でがんばりたいこと発表会」を実施する。総括的な記録をとるために，撮影する。

⑦教師は発表内容から伝わってきた考えや思いを称賛し，励ますコメントを伝えて発表会を終える。

⑦発表を聞く時とメモを書く時は区別するなどの事前指導を行い，聞くことの言語活動として，「聞いて分かったこと・よかったこと・伝えたい応援メッセージ」などを書かせながら聞かせる。簡易版の相互評価を行わせる。

⑧中学校の先生に手紙で書いて伝える活動（子供が追加したゴール）を行う。

⑧単元全体の音声記録や記述内容等を見直して，マイ・ミッションと学び方で，「うまくいったこと・まだうまくいかなかったこと／その理由／次にどう生かしたいか」の視点で単元全体をふり返る。

6　実際の授業の様子

第1ステージ　ラーニング・マウンテンを創る

(0) 事前の準備

　言語を扱う外国語科においては，1つの単元だけでなく年間の学びの連続性を子供自身が体感し続けることが大切である。教師による事前の準備として，大きく次の3つを行った。

①子供たちの学びを確認する。

　新しい単元の導入時は，前単元の単元全体のふり返りを再読し，自分の到達度を想起させる。

②自分の本当のことを伝える目的の明確化を図る。

　デジタル教科書でアニメを視聴し，新しい単元の話題の概要を捉えたら，「この話題を通して，誰に（と），どんなことを伝えたい（伝え合いたい）か」を子供との対話を通して子供の願いを引き出していく。

③デジタル版LMで学びをe-portfolio化する。

音声中心で学習が進められる外国語科は，教科の特徴がゆえに子供にとっても「学びの足跡」が残りにくく，従来のふり返りだけでは到達度が曖昧であった。しかし，1人1台端末を活用し，毎時間の終わりにふり返りと併せて自分の音声をデジタルカードに吹き込み，そのカードをLMに添付することで学びの足跡が明瞭になるようにした。

(1) 表現との出合い〜Teacher's Talkで教師のことを英語で語る〜

　子供たちは，アニメを視聴して，新しい単元の話題の中心となる概要を捉えている。そこで，教師が一人の人間として，単元の話題を通して伝えたいことを英語で語る。これは，今後の発話のモデルになり得る可能性もあるが，教師である稿者個人の本当の思いを伝える場でもある。子供に伝わる表現を用いて語りかけることが重要である。

Teacher's Talk 〜My Junior high school life.〜
Hello. I'm 6 nensei Sayaka chan. Let's talk about junior high school life.
First, I'm excited about my J.H.S. life. It's my new life!
I like music. I want to join the brass band. It's cool.

> How about you? What club do you want to join? Baseball team? Soccer team? etc.

Second, I'm not good at math. I want to study math hard.
But I'm good at *Kanji*. I want to enjoy Japanese class. I like Japanese.
I like nice stories.
Third, I want to be an English teacher. I want to study English very hard.
I want to go to America. I want to see Michael Jackson. America is my dream country.

> Everyone, what subjects do you want to study? Music? Math? Japanese? English? ....

　Teacher's Talkの囲み部分は，実際に子供に問いかけている個所である。単元導入時は，子供たちはまだ文では返答はできない。しかし，教師の表情やジェスチャーを介して，大体の意味は捉えているため，YesやNoなどの返答はできる。教師の発話は，①自分のことを知ってもらうため，②子供の

発話の準備段階をそっと温めるためである。
(2) 自分で学びのコンセプトを立案
　外国語科は学習者用デジタル教材が配付されている。子供たちは，学習調整タイムでじっくり教科書の音声やアニメを視聴し，話題の概要を捉えることができるようになった。画面を真っ暗にし，音声のみで視聴する子，ペアで視聴する子，聞くだけでなく，すぐに真似て言う子などその姿は様々である。単元の導入時は，①話題の概要を捉える，②単元末のゴールの活動や目的をもつ，③マイ・ミッション（なりたい自分像）をもつ，の目的で15分程アニメを視聴する時間として個別学習の機会を設定している。
(3) LMを子供たちと共に創る～単元計画の作成～
　授業開始後は，前単元の単元全体のふり返りを再読する時間をとる。２～３分程度与え，端末上のe-portfolioで自分のふり返りを即時交流しながら，友達のふり返りを他者参照することができる。
　次に，単元の話題が捉えられるアニメを視聴し，話題の概要を捉えたら，子供と対話をしながら単元計画を共創する。
　「どんな話題が中心になっていたかな？」と概要を問う。子供たちは，次のように返答した。

ア	中学校に行って，部活動を見ながら案内されていた。
イ	ブラスバンドとか野球部とか出てきていた。
ウ	将来の夢についても話していた。
エ	ニックは夢が２つとか言ってた。

　"Then, what club do you want to join? 6 nensei Sayaka chan, I wanted to join the volleyball team and brass band. How about you? ○○さん，you can play soccer very well. Do you want to join a soccer team?" など，Yes/No 質問から始めて，部活動の話題をもとに子供たちとやり取りを行う。子供たちは，"Yes!" と元気よく答えたり，"No, sorry." と答えたりする。この時点では，「興味はあるけど決めていない」や「部活動には入らない」などのリアルな返事が多い。その際は，"Oh, you are interested in ○○ team/

club." "You don't want to join any clubs." など，子供たちが取り入れられそうな表現を用いてリキャストを行う。

　次に，「単元のゴールはどんな活動をしてみたいですか？」と発問した。子供たちは，「やり取りで終わらずに，クラスのみんなで中学校で入りたい部活やがんばりたいことを紹介し合うといいんじゃない？」という意見が出た。「最後には，1人でスピーチできるのも成長しそうだから，やってみてもいいかも」という意見も出た。そこで，「単元のゴールに，中学校でがんばりたいことを発表すると，どんないいことがあるの？」と切り返したことにより，「みんなの決意が分かって，応援し合えて絆が深まりそう」というアイデアでクラスが合意した。

　次に，「マイ・ミッション（なりたい自分）として，どんな自分で単元末の発表をしたいですか？　どんなことを大切にしながら発表できたらいいと思いますか？」と問い，それぞれのマイ・ミッションを記入させた。

　最後に，本単元で学ぶべきこと・身に付けてほしいことをクラスで共有し，中学校でがんばりたいことを伝え合う目的と，マイ・ミッションが明確になった。その後に，教科書の流れも参考にしながら，教師が提示した時間数に合わせて，逆向き設計で単元計画を作成することができた。

第2ステージ ラーニング・マウンテン（LM）を活用する
(1) 学びを見通し，学習計画を立案させる

　第2時以降の授業導入時には，「今日のめあては何かな？」と問う。そうすることで，自分たちでLMを参照し，めあてを確認する習慣が身に付く。そこから，「今日のめあてを達成するためにはどんな流れで授業を進めたらよいかな？」と問い，子供たちと授業の流れを組み立てる。授業のおおまかな流れは，大きめの模造紙に印刷した前単元時のLMも参照できるようにした。そこには，「第〇時あたりではどんなことに力点を置いて学習を行う必要があるか」というヒントを示すようにした。はじめは活動カードの並べ替えから行い，徐々に活動の追加・削除を行わせた。時間配分も一緒に行うことで学習計画がより立体的になっていく。

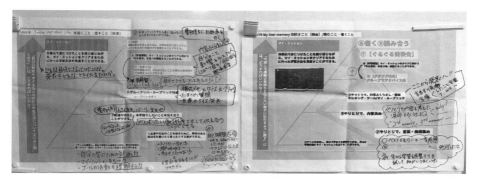

前単元時のLM（左）も参照し，本単元（右）の学習を進める

(2) LM版e-portfolioでマイ・ミッションに立ち返り自己調整を促す

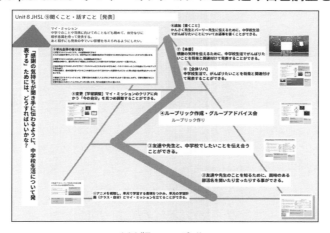

LM版e-portfolio

　子供たちは，端末を活用してデジタル版LMで毎時間の学習ログをe-portfolioとして記録している。音声を残すことは自分の到達度を明確に把握できる。週に2回しかない外国語科では自分の音声記録は「自分だけのオリジナル音声box」にもなる。

　マイ・ミッションをいつも見返しながら，なりたい自分を目指してLMに音声が蓄積されていくのは自分の成長が可視化されて学びの実感を強める。単元途中から，聞き返すことで，どんどんなりたい自分に近付いていること

が実感でき，最後まで粘り強く取り組もうという意欲が高まる。併せて，単元はじめに立てたマイ・ミッションにいつも立ち返ることで，なりたい自分との差に気付き，学習の自己調整が行われる。

(3) 学びをふり返る

第2時以降の学びのふり返りは，Can-Do評価尺度による自己評価と音声記録である。そこに，次の視点でふり返りを行わせている。

---
①学習調整タイム（マイ・プランタイム）の自分のめあては到達できたか。
②うまくいったこと・まだうまくいかなかったこと／その理由／次にどう生かしたいか。

上記は単元末にも単元全体のふり返りとして行っている。

 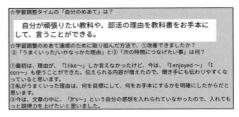

　　第5時のCan-Do評価尺度　　　　　　　　　第5時のふり返り

LMに可視化された学びの足跡は，一人一人の学びの文脈を教師が把握する上で非常に役に立つ。山の案内人のSherpaとして，案内しつつ伴走する際に，登山家たちの登りたいルートや選択した願いを知ることは重要である。

第3ステージ　ラーニング・マウンテンのゴールに立つ

本単元では，単元はじめの子供たちのつぶやきを生かして，第3時には進学先中学校英語教師からの部活動紹介の英語の手紙を受け取り，推測しながら読むことの活動を行った。さらに，第4時には，実際に中学校英語教師とALTと一緒に授業を行った。そこで単元の最後に「いろいろ教えてくれた中学校の先生方に手紙を書きたい」というアイデアが出た。読むことと書くことは難易度が高いがその挑戦に伴走することにし，第8時として，1時間追加した。

話すこと［発表］でのパフォーマンステストは第7時に行った。全員がそ

れぞれの中学校生活への思いを発表した。聞き手からは，やり取りで活用した"Good luck!"や"You can do it!"の励ましの言葉が拍手と共に送られた。

中学校教師たちからは，手紙の感想を動画でいただいた。子供たちの「書くことでも，伝わった！」という喜びが，本単元での学びの充実感をさらに高めていた。伝えたい対象が，中学校の先生方へと広がり，言語活動の意味が実感的に理解されるにつれ，学びの文脈はより豊かになった。この経験は，「次の山も登りきることができる！」という自己効力感につながった。

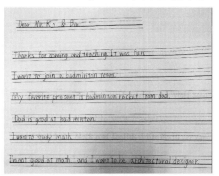

第8時に子供が書いた手紙の一部

7　授業を終えて

「学びの文脈」に広がりをもたせ，深める上で必要だったことは，「子供自身がなりたい自分像を明確にもつ」ことと，「教師は子供の願いに寄り添って伴走する」ことであった。新たなゴールを追加しながら自らの学習を調整し続け，粘り強く学習に取り組み続ける子供の姿は頼もしいものであった。同時に，子供たちの「今」の最高峰の登山のSherpa（案内人）になれることは光栄なことである。外国語科はコミュニケーションの学習である。実際に英語を用いて，「自他を知り深め合う」ことが登山の成功を支えている。今後も，子供たちが外国語科というヒマラヤを登る際にはSherpa（案内人）としてその登山に伴走し続けたい。

（奥平明香）

第3章

学校全体で取り組む
「学びの文脈」を創る
授業づくり

事例1

リアライズ〜みんなで実現を目指して〜

Summary
みんなで「学びの山」に登ろう！

　2022年夏，千歳市立信濃小学校（児童数約380名，特別支援学級を含めて計16学級）。北海道の空の玄関，新千歳空港にほど近いこの小学校で，一つの教育実践が始まった。樺山敏郎先生提唱の教育理念「『学びの文脈』を創る」ことを基本に据えて「読解を経由する記述力向上」への挑戦である。

　合言葉は次のようなものであった。「『学びの文脈を創る』を具体化し，単元の構想を立てられる教師になろう！」「単元目標（身に付けさせたい資質・能力）を強く意識しよう！」「読んで考えたことを表現（記述・交流）する場面を設定しよう！」「読み取るために活用した力を，他の文章や場面で活用することを目指そう！」……。

　かねてより，児童に読解力を付けることが研究主題だった本校において，樺山先生からのお誘いは渡りに船だった。

　これまでの授業研究の中心は，一単位時間における授業づくりであることが多く，これらを一単位時間の授業だけで実現することは不可能に近かった。しかし，主体的・対話的で深い学びの実現に向けて，単元のまとまりを意識した授業をつくっていくことは，これからの時代を生きる子供たちを育てる私たち教師にとって，必要不可欠である。

　本稿で紹介するのは，そのような授業の実現を目指して，教師と児童全員で学びの山に登ろうと努力した２か年の研修の軌跡である。

1　研究通信"リアライズ"の発行

　教師全員で授業づくりの方向を揃えた研修を進めていくために，共通理解を図ることを第一と考えて研究通信を発行した。千歳市がある北海道石狩管内。この管内の教員には，「一人の百歩より，百人の一歩」という合言葉が長年大事にされている。題名は「実現」を意味する「Realize（リアライズ）」。20年以上，信濃小学校ではこの題名で研究通信が発行されている。教師と児童全員で豊かな学びを実現しよう！　そんな思いで名付けられていた。

　教師集団で共通理解を図った点は，多岐にわたった。

①「読む」から「書く」へ連動させよう
②教師の単元構想力を高めよう（ラーニング・マウンテンを創ろう）
③学習課題を研ぎ澄まそう
④３Ｚ【時間（Zikan）・字数（Zisuu）・条件（Zyoken）】で記述に負荷をかけよう
⑤交流の場面を保障し，個の書く力に還元させよう

　研究推進に当たって，同僚の先生たちに伝えたいことは，山のようにある。しかし，みんなが最初の一歩を踏み出すには，伝える情報を精選する必要があった。そして，できる限り短い言葉でシンプルに伝えることを心がけた。上記①から⑤の概要を次に整理する。

研究通信「リアライズ」

2 「読む」から「書く」へ連動させよう

　これまでの国語科授業「読むこと」では，「作品の内容を読み取る」ことに重きを置いた授業づくりが多かった。しかし，樺山先生が提唱する「学びの文脈」の考え方における「内容の読み取り」は，ただ読み取るだけで終わるものではなかった。理解したことは記述して表現させる。単元で身に付けさせたい資質・能力に即して，適切な記述の仕方を重視する。何のために読むのか，書くことで何を伝えるのか，この力を次はどう生かすのか，学びとはつながっていくものだということを，教師がまず意識する必要があった。

　本校でまず取り組んだことは，樺山先生の著書『読解×記述：重層的な読みと合目的な書きの連動』に掲載されている指導計画を，それぞれ1単元ずつ全学年の教師が追試することだった。自分の授業スタイルが確立されている先生たちも，新たな授業スタイルの実践をまずはやってみる。このこと自体，大きな意義のあることだった。著書の中で紹介されている実践を通して，単元のゴールで求めている記述の内容は，とてもレベルが高いものに感じた。しかし，そこまでにどんな読み取りや記述を積み重ねていけばいいか，先生たちは地道に授業づくりに取り組んだ。

　書くことに難しさを抱えている子供には，モデルになる文章を教師が考えた。うまく書けている子供の作品は，次年度のためにモデルとして残した。学びが，年度を超えて徐々につながっていった。

　次第に，単元全体でどんな学習活動をデザインしていけばいいのか，見えるようになってきた。それはまるで，学びという名の山をどう登るかを子供と一緒に考えているようだった。

子供が書いたモデル文（「大造じいさんとがん」より）

3 教師の単元構想力を高めよう(ラーニング・マウンテンを創ろう)

　追試をした次の年度から，説明的文章・文学的文章の全ての単元で，読解を経由する記述力の向上を図る単元計画づくりを進めた。単元の計画は「ラーニング・マウンテン」として，山登りを模した形で創った。

　ラーニング・マウンテンの頂には，この単元で解決したい問い（学習課題）を明記した。教師の独りよがりな計画にならないよう，学習指導要領国語が示す「身に付けさせたい資質・能力」も明記した。これらを，子供が分かる言葉で表記することにより，教師と子供が一緒になって学びの過程を一緒に確認しながら，山の頂上を目指していくような学習を進めることができた。

　単元の学習が進むにつれて，「もっとここを深く読ませたい」という教師の願いや，「先生，もう一つ問いが増えたよ！」という子供の願いが出てきた。そんな時には教師と子供が話し合って，計画を変更することもできた。それは，状況に応じた判断で，山登りのルートが変わる時のようだった。

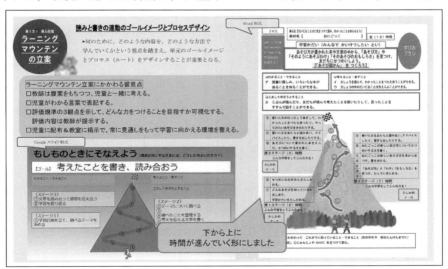

研究通信「リアライズ」で紹介したラーニング・マウンテンの創り方

4　学習課題を研ぎ澄まそう

　幾度となく研究授業を積み重ねてきた時，校内研究の場面でこんな声があがった。「その学習活動，子供が本当にやりたいことなの？」。
　ラーニング・マウンテンの頂上（ゴール）設定した活動に，子供が目を輝かせて向かっているだろうか。教師が設定した活動を，子供はただやらされているだけになっていないだろうか。そんな悩みから出てきた問いだった。研究通信「リアライズ」を使い，学習課題を研ぎ澄ませるために次のようなポイントを共有した。

◇個別最適化されているか
◇多読多書になっているか
◇「指導事項の中心」に触れているか
◇「もっと楽しく，もっと力が付く」という視点か

　学習指導要領国語に示されている内容を，具体的な条件を備えた記述によって表現し，わくわくするような活動を通して様々な場面で活用できることを確かめ合い，次の学びにつないでいく。それを端的に表した，研ぎ澄まされた学習課題を立てたい！　そんな柱がある授業をつくっていきたい！　熱い思いが教師集団の中で醸成されてきた。本校の「学びの文脈」が，形になって姿を現してきた。右図が学習課題の考え方である。

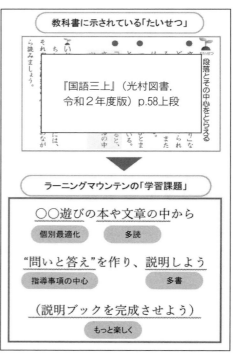

共通理解した「学習課題」の考え方

5　3Z【時間（Zikan）・字数（Zisuu）・条件（Zyoken）】で記述に負荷をかけよう

　「読解を経由する記述」を国語科の学習に取り入れた時，校内で「これはやめましょう」と意識を共有したのが，「自由に書いていいよ」だった。学習課題を研ぎ澄ませて，指導事項の中心が明確になってくると，その単元の記述で使うべき言葉や言い回し，構成などが見えてきた。自由にのびのびと心を解放させて記述に向かう場面があってもいい。しかし，それだけでは，教師として無責任ではないかと考えるようになった。

　記述の活動に向かう場面では，まず時間を指定した。多くの子供が書ききれる時間を予想し，「10分で書きましょう」と指示を出した。時間がきたら，無闇に延長しないことも大切にした。

　次に，字数を指定した。考えが相手に伝わるよう説明するためには，ある程度の字数が必要になってくる。説明が足りない記述では字数が不足するため，子供は頭をひねって考えるようになった。

　最後に，使うべき言葉などの条件を指定した。理由を説明する「〜からです」に始まり，「○○のした行動に触れましょう」「頭括型で書きましょう」「本文から引用しましょう」など，他の場面でも活用できることを意識した条件とした。

　しかし，子供たちは，すぐに全員が書けるようにはならなかった。短時間で規定の字数を書くことには慣れが必要だった。「延長はない」という緊張感の中で書くことを繰り返し，鉛筆が動くようになってきた。

　それでも，使うべき言葉がなかなか見つからない子供には，時間のプレッシャーだけでは手立てとして不十分だった。だから，モデルを示し，本文のどこを引用したか，どこが自分の考えとして書いてあるか，ヒントとして示した。教師自身があらかじめモデルを書いてみることで，子供の実態に即した，無理のない活動になっているかも確かめることができた。

6　交流の場面を保障し，個の書く力に還元させよう

　子供の書く力を向上させるために，一番の助けとなったのは，子供同士の交流だった。どの叙述に着目したか，どんな言葉を使っているか，といった仲間の書きぶりを知ることで，自分の記述をふり返ったり，ヒントをもらったりすることができた。しかし，交流の経験が少ない子供は，うまく交流ができなかった。「……（書いた文を見せている）」「……（無反応で読んでいる）」。こんなやり取りが続くことも多かった。研究部からは，交流の日常化と，交流の視点を示すことを提案した。

○授業のはじめとおわりにペアでふり返りタイムを設ける

　子供が自分の言葉で学びについて語る経験を日常化させることと，「えーっと，確か，授業の前半でさ……」「うんうん，それで？」「え？　どういうこと？　詳しく教えて？」等，反応をお互いに返しながらやり取りを途切れさせずに続けることで，意見交流に慣れさせることをねらいとした。

○交流の視点を示す

　記述の「条件」を押さえて書けているか，自分の考えを変えたり，確信させてくれたりするような意見に出合えたか，といった視点を提示した。

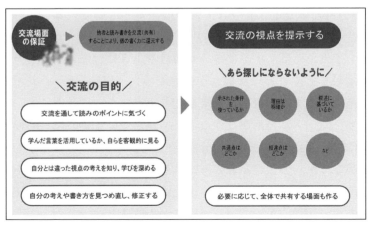

研究通信「リアライズ」で紹介した，「子供の交流場面で示す視点」

7　旅はまだ終わらない

　「学びの文脈を創る」。この理念を具現化するために，本校では「読解から記述へ」を合言葉として，これまでの国語科授業で当たり前のように行われていた読解で閉じる展開を，記述につなげる展開に変えた。

　その授業づくりの試みは，まさに山あり谷ありだった。これまでの授業スタイルからの脱却。指導事項の明確化とその追究。子供が登りたいと思える学習課題の設定。そして，それを支える，安心して過ごせる学級・学校づくり。本校の先生たちは，それら一つ一つに粘り強く取り組んできた。その中で発行してきた研究通信は，先生たちの頑張りの道標となるように心がけてきた。

　学校全体で実践を重ねれば重ねるほど，改善点が見えてきた。やらねばならないことに，やりたいことが重なり，一つの山を登ると，次の山が見えてくる。6年間の子供の学びが，大きな山脈として連なっていることに気付く。教師一人一人の成長が，学校全体の成長につながる。国語科の研究で発見した「学びの文脈」の大切さが，他の教科や活動に広がる可能性も見えてきた。

北の大地にある一つの小学校で始まったこの教育実践は，そこで働く教師と，子供たちの学びに向かう姿勢を着実に変えてきた。子供の学びに連続性や発展性があるように，教師である私たち大人も，今もこの「学びの文脈」の中で生きているのかもしれない。

(坂野郁雄)

> 事例2

自律的に学ぶ子供が育つ授業

Summary
学びの文脈を子供と共に創る
〜学習者中心へのパラダイムシフト〜

　令和6年度，151年目の新たな一歩を踏み出した盛岡市立仁王小学校（児童数約380名，特別支援学級を含めて計17学級）。本校は，作人館の流れをくむ，岩手県内で最も歴史と伝統のある小学校である。昭和54年度から一貫して研究主題に「授業の改善」を掲げ，2年に1回，全教科・領域等で学校公開研究会を行っている。

　本校では，子供理解，教材研究の徹底，基礎的学習態度の育成，共存の感情に支えられた学級経営を大切にし，授業改善を行っている。また，ヒドゥン・カリキュラムを整理し，授業改善の基盤となる学級経営のさらなる充実に努めている。

　令和3年度からは，研究副題を「自律的に学ぶ子供が育つ授業」と設定し，中央教育審議会答申「『令和の日本型学校教育』の構築を目指して」（令和3年1月）において示されている「個別最適な学びと協働的な学び」の具体化を目指している。

　自律的に学ぶ子供の育成のためには，これまでの教師主導の授業から，学習者中心の授業へと改善し，学びを子供と共に創っていく必要があった。そこで，令和4年度から樺山敏郎先生のご指導をいただきながら，学びの文脈を子供と共に創る授業改善に着手した。本稿では，全教科・領域等で土台となっている考え方と実践を紹介していく。

1　学校教育目標の分析・焦点化

　本校は，全教科・領域等で研究を推進しているため，共通の柱となる「学校教育目標」がより重要になってくる。次頁に本校の「学校教育目標と資質・能力が発揮された具体の姿の関連表」を示す。「学校教育目標」の大上段に，小学校を卒業した後の姿として「めざす教育人間像」を掲げている。「めざす教育人間像」が示す，「知性」「人間性」「健康とねばり」は一人一人に融合して内在し，それらは人間の意志たる「主体性」によって生きて働き，価値ある「実践」として初めて表に現れる。そこで，「知性」「人間性」「健康とねばり」を実現させ，さらに高める意志をもち実践していく人間像として「主体的実践人」を設定し，それに対応するものとして学校教育目標に「すすんでやりぬく仁王の子」を掲げた。

　さらに本校では，学習指導要領の改訂を受け，新しい時代に求められる資質・能力の観点から学校教育目標の分析を行い，「12の目指す子供の具体の姿」を設定した。その後の実践，子供の実態や保護者，地域，教職員へのアンケート等を踏まえ，「自律的に判断し，行動する力」に

９つの具体の姿を意識して行う授業

焦点化するとともに，令和４年度には12の姿を再構成して，９つの姿に整理し直した。授業においては「自律的に学ぶ子供」の育成を図ることとした。この９つの姿を，全教育活動を通じてバランスよくねらいに位置付けることで「自律的に学ぶ子供」は育つものと考える。

　また，「自律的に学ぶ子供」の姿を，「よりよいもの（考え）を求め，自分の意志で目標（課題）を設定し，その目標の達成（課題の解決）に向けて，他と協働しつつ，学びを調整しながらねばり強く取り組む子供」と定め，目指す子供の姿を明らかにして研究を深めてきた。

<めざす教育人間像>

主体的実践人

予測困難な時代の中でも、主体的に考え判断し、多様な他者と協働しながらよりよい社会や人生を創るために行動する人

知性的な人	人間性の豊かな人	健康でねばりのある人
広い視野から正しく物事をとらえ、他者と協働して、よりよく問題を解決しようとする人	人を思いやる心や感動する心をもち、多様な他者とともによりよい生活を築いていく人	心や体の健康と体力を大切にし、心身ともにたくましく生きる人

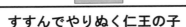

<学校教育目標>

すすんでやりぬく仁王の子

よりよい自分（価値あるもの）をめざして、すすんで物事に取り組み、最後までやりぬくことができる子供

かんがえる子	おもいやりのある子	たくましい子
自ら課題を見つけ、他者と協働しながら、よりよく問題を解決しようとする子供	豊かな心をもち、他者とすすんでかかわりながら、よりよく生活しようとする子供	心も体も健康でたくましく、めあてに向かってねばり強くがんばる子供

※ 学校教育目標は、めざす教育人間像を志向する過程的目標である。

<今次研究でめざす子供像>

自律的に学ぶ子供

よりよいもの（考え）を求め、自分の意志で目標（課題）を設定し、その目標の達成（課題の解決）に向けて、他と協働しつつ、学びを調整しながらねばり強く取り組む子供

※ 自律的に学ぶ子供は、以下に示す9つの姿をバランスよく育成することで育つものと考える。

<重点とする資質・能力が発揮された具体の姿>

	すすんでやりぬく仁王の子（自律的に学ぶ子供）		
	かんがえる子	おもいやりのある子	たくましい子
知識及び技能	ア 問題を解決する知識・技能を身に付ける	ア かけがえのない命を大切にした生活を送る	ア 心も体も健康で安全な生活を送る
思考力、判断力、表現力等	イ 多面的に、筋道立てて考え、表現する	イ 相手の立場に立って判断し、行動する	イ 防災・復興について考え、行動する
学びに向かう力、人間性等	ウ 自ら問題を見つけ、協働的に学び、よりよい考えを求める	ウ よりよい集団生活に向けて、他者と協調する	ウ めあてに向かって調整し、ねばり強く最後までやりぬく

※ 9つの姿は、全てが重点であるため、全教育活動を通じて、バランスよくねらいに位置付けるようにする。
※ その中で、令和5年度までの子どもの実態や願い、諸調査等から、最重点を「かんがえる子イ」「おもいやりのある子イ」「たくましい子ウ」とする。

学校教育目標と資質・能力が発揮された具体の姿の関連表

2 「自律的に学ぶ子供」を育てる授業とは

「自律的に学ぶ子供」が育つために，私たちは，日々の授業実践の中に，次の要素が必要であると考え，各教科・領域等で，その具現化を目指し指導に当たっている。

自律的に学ぶ子供
①よりよいもの（考え）を求め，②自分の意志で目標（課題）を設定し，その目標の達成（課題の解決）に向けて，③他と協働しつつ，④学びを調整しながらねばり強く取り組む子供
①「よりよいもの（考え）を求め」とは，「めざす教育人間像」や「学校教育目標」に向かっていくこと。 ②「自分の意志」とは，子供一人一人の思いや願いであったり，よさや可能性を信じること。「個別最適な学び」の考えがもとになっている。 ③「他」は，自分以外の人であり，友達や教師，家族，地域の方などがいる。「他と協働」とは，教師の導きや友達との対話等を通して，自らの考えを深めたり広げたりすること。 ④「学びを調整」とは，見通しやふり返りをしっかりもち，分かったことや分からなかったことを明らかにして，自らの学びを見つめること。

このような子供たちを育てるために，本校では「学びの文脈を子供と共に創る授業」を目指している。

「学びの文脈」とは何か。「授業」を子供の目線で捉え直すと，それは単なる45分間の個別の学びではなく，幼少期から連綿と続いてきた学びの45分間と言える。そして，45分間の学びは次の学びへと続いていく。この連続した学びの連なりを本校では「学びの文脈」と捉えている。

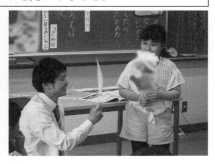

子供と共に創る授業（道徳）

第3章 学校全体で取り組む「学びの文脈」を創る授業づくり 149

授業においては，教師側の"教えたいこと"を子供の"学びたいこと"へとなるよう，教師が意図的，計画的に子供の学びにねばり強く寄り添い関わっていく営みによって実現するものだと考えている。
　そこで，「学びの文脈を子供と共に創る授業」を展開できるように，3つの手立てを講じてきた。子供と共に創る授業ではあるが，手立ては教師が講じるものである。

3　単元全体の学びの見える化

　手立ての1つ目は，「単元全体の学びの見える化」である。
　本校では，樺山先生のご指導のもと，ラーニング・マウンテンを用いて可視化を図っている教科もあるが，全教科・領域等が用いているわけではない。共通して行っていることは，子供と共に単元・題材計画を創り，可視化を図っていくことである。

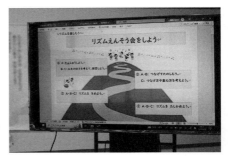

ラーニング・マウンテンを用いて
子供と単元の大枠の共有を図る

　単元・題材計画を共に創っていく際には，以下のことに留意しながら行っている。

・この単元・題材で身に付けるべき資質・能力は何か。
・ゴールまでにどのくらいの時間がかかるのか。
・余白をもたせて単元がデザインできているか。　　　　　　　　　　　　　など

　大事にしたいことは，子供と共にいかに楽しいストーリーを描くことができるかということである。しかし，ストーリーを創るのは誰か。大枠を教師が示しながらも，細かなところは子供たちが創ることができるように，各教

科・領域の特性を生かしながら行っている。

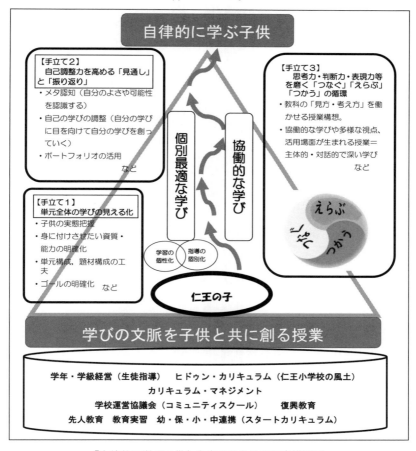

「自律的に学ぶ子供」を育てるための研究構造図

4　自己調整力を高める「見通し」と「ふり返り」

　令和5年度の研究反省から、本校の子供たちの課題に「自己調整力（特にメタ認知能力）」が挙げられた。そこで、手立ての2つ目として単元・題材や単位時間における「見通し」と「ふり返り」を充実させ、子供たちの自己

調整力を高めていきたいと考えている。

　見通しとは、喩えるならば、登山でいう「ガイドブック」のようなものである。自分はこれから、どのようなことを、どのような方法で解決していき、どのようなゴールになりそうなのか考えながら進めることで、うまくいかないことにぶつかっても、何度でも挑戦できる。

　また、ふり返りにおいては、学び方で工夫したことや不十分だったこと、成長

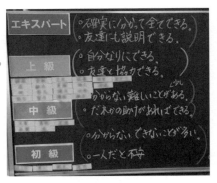

次時の課題を見いだすために、
自分の学びを可視化したふり返り

したことなどを視点として与えたり、現在の自分とゴールの姿を比べて、今の自分はどのくらいのところまで進んでいるのかを可視化して確認させたりしている。ふり返りは、自己評価が中心となるが、メタ認知能力の向上を図るために、客観的評価（教師や友達）も取り入れながら行うことで効果を上げている。

5　思考力・判断力・表現力等を磨く「つなぐ」「えらぶ」「つかう」の循環

　手立ての３つ目として、授業の中で教科の特性に応じながら、思考力・判断力・表現力等を磨いていくために大切な要素を３つに整理した。

○つなぐ…教科等の特性に応じた多様な思考や教科の見方・考え方と活動をつないだり、自分と友達の考えをつないで思考したりすることなど。
○えらぶ…いくつかある選択肢の中から、自分自身の考えをもとに、よりよいものを判断し、選択することなど。
○つかう…「つなぐ」「えらぶ」の外言や体現、総じて表現すること。

　「つなぐ」「えらぶ」「つかう」の主体は子供である。教師は、子供たちが

単元全体や一単位時間の中で「つなぐ」「えらぶ」「つかう」ことができるように，教科の特質に応じた手立てを講じていく。また，子供たちが自律的に知識及び技能を活用する学習活動を設定することが大事であり，子供たちに委ねた時間の中で，個やグループに応じた「つなぐ」「えらぶ」「つかう」の手立てが必要になってくる。この３つの視点は，単独

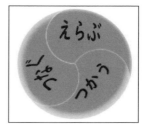

３つの視点のイメージ図

で表出されることもあるが（「つなぐ」だけ，「えらぶ」だけ　など），相互に関連したり，一体的に表出したりする場合もある。「つなぐ」「えらぶ」「つかう」が何度も繰り返されるようにしていくことが大切である。

6　永遠に続く学びの文脈

各教科等研究部で，日々実践を重ねてきているが，学びの文脈を子供と共に創る授業は，常にドラマの連続である。

「学びの文脈」は何かが決まっているわけではない。子供一人一人にそれぞれの「学びの文脈」がある。さらに子供たちは，45分間の中でも，問い（疑問）がどんどん生まれて

自律的に学ぶ子供

きたり，「もっとこんなことをやってみたい」「ゴールの先にもっとよいものがあるのかな」と思ったりしながら学びを深め，学びの文脈はどんどん進んでいく。教師が用意した指導案（授業構想）をその通り流していけば，授業は見かけ上は成立するかもしれない。しかし，決して決められたようにはいかないから授業は面白いのである。時に授業は停滞する。この動かない状況をどのように打破するか，どう変えるかについて，教師は想定外のものに向かって頭を悩ます。つまり，子供だけでなく，教師の「学びの文脈」はこれからも永遠に続いていくのである。

（本宮勇希）

引用・参考文献

- 樺山敏郎，『個別最適な学び・協働的な学びを実現する「学びの文脈」 学級・授業・学校づくりの実践プラン』，2022年，明治図書
- 文部科学省，『小学校学習指導要領（平成29年告示）解説　国語編』，平成30年2月28日
- 文部科学省，『小学校学習指導要領（平成29年告示）解説　社会編』，平成30年2月28日
- 文部科学省，『小学校学習指導要領（平成29年告示）解説　算数編』，平成30年2月28日
- 文部科学省，『小学校学習指導要領（平成29年告示）解説　理科編』，平成30年2月28日
- 文部科学省，『小学校学習指導要領（平成29年告示）解説　生活編』，平成30年2月28日
- 文部科学省，『小学校学習指導要領（平成29年告示）解説　図画工作編』，平成30年2月28日
- 文部科学省，『小学校学習指導要領（平成29年告示）解説　外国語活動・外国語編』，平成30年2月28日
- 中村和弘編著，東京学芸大学附属小学校国語研究会著，『見方・考え方　国語科編』，2018年，東洋館出版社
- 坂本喜代子，『対話的コミュニケーションが生まれる国語』，2017年，渓水社
- 澤井陽介・中田正弘・加藤寿朗・宗實直樹，『これからの社会科教育はどうあるべきか』，2023年，東洋館出版社
- 須本良夫，『生活科で子どもは何を学ぶか』，2018年，東洋館出版社
- 田村学・齋藤博伸監修，『探究的な学びを実現する「生活・総合」の新しい授業づくり』，2023年，小学館
- 田村学編著，柴胡の会著，『生活・総合　資質・能力の育成と学習評価』，2022年，東洋館出版社
- 中村好則，「小中連携における学習系統を捉えた算数数学指導とその留意点」，2016年，『岩手大学教育学部付属教育実践総合センター研究紀要』第15号，pp.79-88

- 啓林館,『わくわくさんすう1』,『わくわく算数2上』, 2020年
- 文部科学省,「小学校外国語活動・外国語　研修ガイドブック」, 2017年
- 泉惠美子・アレン玉井光江・加藤拓由・黒川愛子・倉田伸・森本敦子・長沼君主・大田亜紀・田縁眞弓・バトラー後藤裕子,「デジタル時代における小学校英語Can-Do評価尺度活用マニュアル～学びを支援する単元をつなぐCan-Do評価試案～」, 2024年, 小学校英語評価研究会
- 稲垣忠編著,『教育の方法と技術Ver.2　IDとICTでつくる主体的・対話的で深い学び』, 2022年, 北大路書房
- 加藤拓由・狩野晶子・東仁美編著,『小学校外国語活動・外国語　とっておきの言語活動レシピ』, 2021年, 明治図書
- 堀哲夫,「OPPAの基本的骨子と理論的背景の関係に関する研究」, 2011年, 山梨大学教育人間科学部紀要』第13巻, pp.94-107
- 森本康彦編著,「eポートフォリオを活用したアセスメントハンドブック」, 2018年, 東京学芸大学森本研究室
- 『授業力＆学級経営力』編集部編,『教材研究×英語　大事なことがまるっとわかる超実践ガイド』, 2023年, 明治図書
- 光村図書出版,『Here We Go! 5 & 6』, 2020年
- 赤沢真世,「第二言語教育におけるホール・ランゲージ・アプローチに関する一考察：『ホール』の意味する言語観・言語教育観をふまえて」, 2008年,『京都大学大学院教育学研究科紀要』第54号, pp.166-179
- 赤沢真世編著,『小学校　外国語科・外国語活動の授業づくり』, 2022年, 教育出版
- アレン玉井光江,『小学校英語の教育法　理論と実践』, 2010年, 大修館書店
- アレン玉井光江,『小学校英語の文字指導　リタラシー指導の理論と実践』, 2013年, 東京書籍
- Kenneth S. Goodman. *What's Whole in Whole Language?* 1986. Heinemann
- Ling-Ying, Huang. Learning to Read with the Whole Language Approach: The Teacher's View. *English Language Teaching; Vol. 7.* No. 5 ; 2014. Canadian Center of Science and Education

おわりに

　現在，"「教え」から「学び」へ""子供が主語"といった言葉が躍っている。この理念は，以前から叫ばれてきたが，実現の道は遠い。筆者が全国の授業を参観する時，教師の「教え」に終始し，子供の「学び」はあったのだろうかと思う場面がある。「子供」という言葉の頭に「一人一人」を付けると，さらに淋しくなることもある。一方で，子供の「学び」が活動の消化に傾斜し，教師の「教え」の必要性を感じる場面も少なくない。授業とは，本来"教師が何を行えたのか，何を教えたのか"ではなく，"子供が何を行えたのか，何を学んだのか"が問われるべきである。「子供」にとっての学びが成立するためには，教師は教育の内容や方法等の決定権を最大限に学習者へ委譲することに今後一層意を用いることが求められる。

　決して「教え」という営みを軽視するのではない。「教え」と「学び」は，二項対立や二律背反の陥穽にはまってはならない。「学び」が強調されると「教え」は次第に後退していき，ひいては「教え」の復権が叫ばれるようになるであろう。教育界は，そのような揺れ幅が大きいように感じる。そうした繰り返しを避けるために，教師は目の前の子供の学びの実相を細やかに見取りながら，伴走という位置取りにも配慮したい。子供の学びの連続性や発展性に配慮しながら，多様な子供一人一人の学びを真正なものにしていくために，適時適切な「教え」という営みは極めて重要である。

　本書で紹介した各事例では，授業の冒頭において「皆さん，ラーニング・マウンテンを見て，この単元全体の目的や目標を確認しましょう」「本時はどのような学習をしていく必要がありますか」「このめあてを解決していくために，どのように学びを進めていきましょうか」など，教師の意図的な誘いがある。「学びの文脈」に限定された型はない。ラーニング・マウンテンを活用しながら，質の高い「学びの文脈」を創り続けることを期待したい。

2024年9月　樺山敏郎

＊著者情報（Kabayama-lab）は
こちらから

【執筆者紹介】（執筆順，所属は執筆時）

菊池　　優佳　　岩手県盛岡市立仁王小学校
長坂　　耕司　　愛知県名古屋市立有松小学校
吉田　　寛典　　岩手県盛岡市立仁王小学校
吉田　　詩惟　　岩手県盛岡市立仁王小学校
清水　　皓太　　佐賀県唐津市立浜崎小学校
本宮　　勇希　　岩手県盛岡市立仁王小学校
平野　　有華　　岩手県盛岡市立仁王小学校
コクレーン愛　　岩手県盛岡市立仁王小学校
奥平　　明香　　沖縄県豊見城市立ゆたか小学校
坂野　　郁雄　　北海道千歳市立信濃小学校

【編著者紹介】

樺山　敏郎（かばやま　としろう）

大妻女子大学　教授
元文部科学省国立教育政策研究所　学力調査官（兼）教育課程調査官

『平成29年改訂　小学校教育課程実践講座国語』，編著，ぎょうせい，2017年
『資質・能力を育成する小学校国語科授業づくりと学習評価』，共編著，明治図書，2021年
『個別最適な学び・協働的な学びを実現する「学びの文脈」学級・授業・学校づくりの実践プラン』，単著，明治図書，2022年
『読解×記述　重層的な読みと合目的な書きの連動』，教育出版，2022年　他

個別最適な学び・協働的な学びを実現する
「学びの文脈」2
ラーニング・マウンテンを活用した授業づくりの実践プラン

2024年10月初版第1刷刊	ⓒ編著者　樺　山　敏　郎
	発行者　藤　原　光　政
	発行所　明治図書出版株式会社
	http://www.meijitosho.co.jp
	(企画)木山麻衣子　(校正)丹治梨奈
	〒114-0023　東京都北区滝野川7-46-1
	振替00160-5-151318　電話03(5907)6702
	ご注文窓口　電話03(5907)6668

＊検印省略　　　組版所　藤　原　印　刷　株　式　会　社

本書の無断コピーは，著作権・出版権にふれます。ご注意ください。

Printed in Japan　　　　　　　　ISBN978-4-18-228639-1
もれなくクーポンがもらえる！読者アンケートはこちらから

個別最適な学び・協働的な学びを実現する「学びの文脈」
学級・授業・学校づくりの実践プラン

樺山 敏郎 著

教師の教えたいことを子供が学びたいことに変える「学びの文脈」。この「学びの文脈」を創り、「個別最適な学び」・「協働的な学び」という観点から学習活動の一層の充実を図る学級づくり・授業づくり・学校づくりの事例を通して、令和の日本型教育の在り方を探ります。

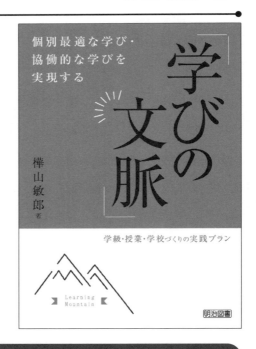

A5判/160ページ/2,090円(10%税込)/図書番号 2288

明治図書　携帯・スマートフォンからは**明治図書ONLINEへ**　書籍の検索、注文ができます。▶▶▶
http://www.meijitosho.co.jp　＊併記4桁の図書番号（英数字）で、HP、携帯での検索・注文が簡単に行えます。
〒114-0023　東京都北区滝野川7-46-1　ご注文窓口　TEL 03-5907-6668　FAX 050-3156-2790